新任经理人进阶之道系列

行政管理工作中的 108个怎么办

新任经理人进阶之道项目组　组织编写

化学工业出版社
·北京·

内容简介

《行政管理工作中的108个怎么办》是针对新手行政经理而编写的，包括六部分，每部分四节，对应采用"月"代表"章"，"周"代表"节"。本书具体内容包括第一个月——进入角色；第二个月——自我提升；第三个月——行政事务管理；第四个月——财产物资管理；第五个月——文件资料管理；第六个月——总务后勤管理。

本书进行模块化设置，简单易懂，具有较强的可读性，全面系统地对新任职行政经理刚上任半年的工作进行梳理，适合新上任的行政经理和从事行政管理的人士阅读，也可供管理咨询顾问和高校教师做实务类参考指南。

图书在版编目（CIP）数据

行政管理工作中的108个怎么办/新任经理人进阶之道项目组组织编写．—北京：化学工业出版社，2023.4
（新任经理人进阶之道系列）
ISBN 978-7-122-42997-1

Ⅰ．①行…　Ⅱ．①新…　Ⅲ．①行政管理　Ⅳ．①D035

中国国家版本馆CIP数据核字（2023）第033140号

责任编辑：陈　蕾　　　　　　　　　　　装帧设计：溢思视觉设计／程超
责任校对：李　爽　　　　　　　　　　　　　　　　E-mail: isstudio@126.com

出版发行：化学工业出版社（北京市东城区青年湖南街13号　邮政编码100011）
印　　装：大厂聚鑫印刷有限责任公司
787mm×1092mm　1/16　印张13½　字数266千字　2024年5月北京第1版第1次印刷

购书咨询：010-64518888　　　　　　　售后服务：010-64518899
网　　址：http://www.cip.com.cn
凡购买本书，如有缺损质量问题，本社销售中心负责调换。

定　　价：68.00元

职场上的第一次晋升，对每一位新任职的经理人来说都意义非凡。

通常在上任之初，新任职经理人都有不少热烈的愿望，比如要成为一个让下属们追随的好领导，要带领团队做出骄人的业绩等。然而，在实际管理的过程中，却发现问题接踵而来。

就个人层面而言，升迁为一名经理人，意味着新的机会与挑战。但面临新上司、新同事、新下属、新环境，新任职经理人也会需要适应。一个人任职初期的表现，可能会形成日后人们的刻板印象，如果起步失败了，将来必须加倍努力才能扭转劣势；但通常情况，公司可没耐心等你慢慢摸索。

管理学大师彼得·德鲁克说，"管理是一门综合的艺术"。管理者既要具备基本原理、自我认知、智慧和领导力，还要不断实践和应用。所以，团队管理从来就不是一件一蹴而就的事情，而是一个长期、持续的自我修炼的过程。

作为一名新任职的经理人，首先要明确自己所担负的岗位职责、任务、管理职能，以及应具备的素质和能力，同时，让自己的思维、视野得到较大拓展，提升自己的管理理论水平与专业水平，不断提升管理能力。修己、达人，与团队实现共赢，才是最好的职场进阶之路。

基于此，我们编写了本书，为新上任的经理人提供行动计划和可能遇到问题的解决方案。

《行政管理工作中的108个怎么办》是针对新手行政经理而编写的，包括六部分，每部分四节，对应采用"月"代表"章"，"周"代表"节"。本书具体由第一个月——进入角色；第二个月——自我提升；第三个月——行政事务管理；第四个月——财产物资管理；第五个月——文件资料管理；第六个月——总务后勤管理内容组成。

本书进行模块化设置，简单易懂，具有较强的可读性，全面系统地对新任职行政经理刚上任半年的工作进行梳理，适合新上任的行政经理和从事行政管理的人士阅读，也可供管理咨询顾问和高校教师做实务类参考指南。

由于笔者水平有限，书中难免出现疏漏，敬请读者批评指正。

编者

CONTENTS 目录

第一个月　进入角色

第二个月　自我提升

第三个月　行政事务管理

第四个月　财产物资管理

第五个月　文件资料管理

第六个月　总务后勤管理

第一个月

进入角色

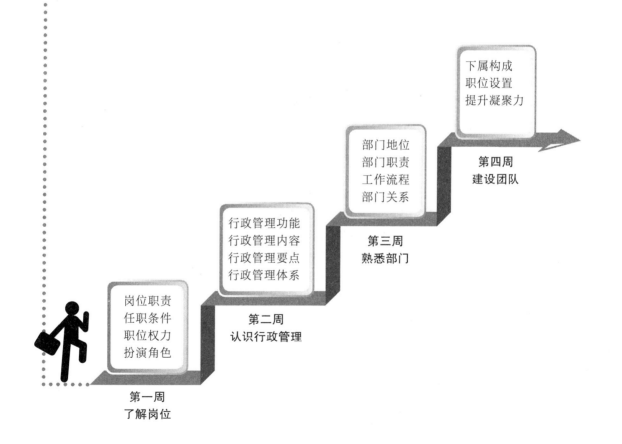

下属构成
职位设置
提升凝聚力

第四周
建设团队

部门地位
部门职责
工作流程
部门关系

第三周
熟悉部门

行政管理功能
行政管理内容
行政管理要点
行政管理体系

第二周
认识行政管理

岗位职责
任职条件
职位权力
扮演角色

第一周
了解岗位

▼

第一周　明白自己的岗位

为什么我被提升为行政经理而不是别人呢？因为我具备行政经理的任职条件，知道行政经理要做什么，如何去做，而且肯定能做好。

问题1：行政经理的岗位职责是什么？

行政经理是企业行政部的最高领导，主要负责单位的行政管理。但行政工作涵盖哪些范围？尤其是在一些当代企业中，行政经理的主要职责是什么呢？相信有许多人会这样问。那么，还是先来看看不同企业对行政经理的招聘要求吧（图1-1和图1-2）！

行政主管/行政经理

岗位职责：

1.负责部门管理制度、工作计划及预算的制定与实施；

2.负责公司相关证照的管理、使用、控制及各项年审工作；

3.负责组织协调公司活动及各类会议；

4.负责商务接待以及相关外联工作；

5.负责办公物品采购、分发、调配以及办公室各部门后勤保障工作；

6.负责固定资产管理工作，建立固定资产管理账册，定期整理盘点；

7.做好企业文化建设管理工作。

任职要求：

1.大专以上学历，三年以上行政相关工作经验；

2.工作认真、责任心强，具有良好的沟通表达能力；

3.具备较强的服务意识与成本管控能力；

4.良好的组织协调能力、沟通能力以及公文写作能力；

5.掌握基本商务礼仪和公关技巧。

图1-1　行政主管/行政经理招聘要求

行政经理

1-1 50

五险一金　定期体检　年终奖金　绩效奖金　餐饮补贴　专业培训

▌职位信息

1. 负责制定公司行政管理规章制度及督促、检查制度的贯彻执行。

2. 负责公司行政后勤事务管理，为员工提供工作所需的物资，创造舒适的工作环境，提高员工的工作满意度。

3. 负责通过规范各类会议的信息收集、组织、纪要制作、会后跟踪等，切实提高工作效率，推进各项工作的开展。

4. 负责通过规范收发文工作流程，准确快捷地传递和制发文件，提高文件流转速度和办理质量。

5. 负责通过建立和完善信息系统，提高公司办公效率，并确保信息安全。

6. 负责部门行政管理计划、预算的编制和执行、分析和控制工作。

7. 负责公司内外部各类外联、团建、年会、旅游等活动的组织、安排工作。

8. 完成上级领导交办的其他事项。

任职资格：

1. 统招大学专科及以上学历，行政管理、工商管理、公共管理等相关专业优先。

2. 5年以上企业行政管理岗位工作经历。

3. 通晓行政管理，掌握文书写作及相关的知识，了解后勤日常管理的事务性工作。

4. 熟练使用自动化办公软件，具备基本的网络知识。

5. 工作认真负责，待人热情，有较强的管理协调能力和公关社交能力，具有处理后勤事务工作的耐心。

6. 有较高的写作水平和一定的语言表达能力，有较强的组织协调能力、沟通能力。

图1-2　行政经理招聘要求

从以上两则招聘要求可以略知行政经理的职责范围，但其职责也会随着企业规模的大小而有所变化。

比如一些大规模的企业，组织机构健全，行政部主要负责行政事务的处理；而规模小的企业，行政部的工作范围就要广泛得多，除了行政事务外，还有总务方面、后勤方面事务，甚至人事劳资方面的事务也是行政部的事。

一般来说，行政经理的主要职责如下。

（1）组织制定行政部发展规划、工作计划与预算方案。

（2）组织制定行政管理规章制度及督促、检查制度的贯彻执行。

（3）负责组织安排企业的对外接待任务、企业对外的形象宣传活动。

（4）负责安排企业的各种工作会议，并做好会议记录和会议考勤，适时整理会议纪要。

（5）负责企业介绍信和公章使用登记管理，企业印章保管员档案更新工作。

（6）负责企业预算内外行政费用计划审核和执行控制。

（7）负责企业行政统计的审核工作。

（8）负责协助上级对企业各部门执行业务流程、工作标准和规范进行督导和协调。

（9）负责员工行为规范检查，办公环境优化、维护的监督。

（10）负责企业办公室的日常行政管理及后勤支持工作。

（11）负责与其他部门进行日常的工作协调、配合和沟通。

（12）负责行政部门工作的督导、检查和考核。

（13）负责协同有关部门组织好企业的各种会议及大型活动。

（14）上级交办的其他工作。

问题2：行政经理的任职条件是什么？

作为一名合格的行政经理，必须"才能"与"品德"兼备，"知识"与"经验"共存，才能更好地履行行政管理工作。

1.专业知识要求

行政经理的工作是一项贯穿上下、管理诸事、关注细节的综合性复杂工作，作为行政经理，必须要具备行政管理、法律、社会等方面的专业知识，具体如图1-3所示。

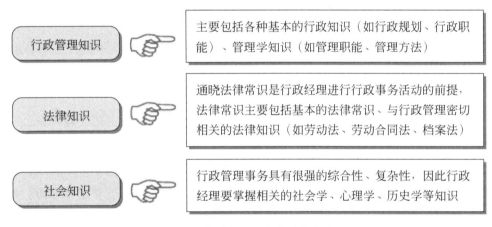

图1-3　行政经理必备的专业知识

2.管理能力

行政经理应对整个企业以及企业内部如何相互合作，企业信息和记录的系统知识规划有全面的了解，并具有控制工作的能力。同时，管理工作必须重视人的因素。人是成败的关键，要想管理好，就要加强对人员的管理。所以，行政经理应有良好的人际关系，当赢得了下属及员工的爱戴时，也就激起了他们的工作热情，他们才能同心协力，共同为自己的部门努力工作，创造出更多的劳动成果。

3.观察力与预见力

预见力是人们揭示事物发展规律、洞悉未来的能力。一个人善于预见，则成功的概率就会增大。行政经理要想让自己的领导活动富有成效，必须提高自己的预见力。

要具备观察力与预见力应做到图1-4所示的几点。

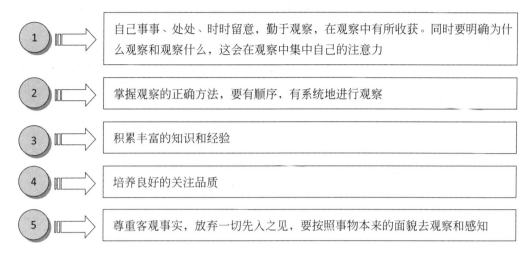

1　自己事事、处处、时时留意，勤于观察，在观察中有所收获。同时要明确为什么观察和观察什么，这会在观察中集中自己的注意力

2　掌握观察的正确方法，要有顺序，有系统地进行观察

3　积累丰富的知识和经验

4　培养良好的关注品质

5　尊重客观事实，放弃一切先入之见，要按照事物本来的面貌去观察和感知

图1-4　具备观察力与预见力应做到的要点

4.分析问题的能力

分析、解决问题是一种技巧，也是一种技能。往往这种技能会对行政经理工作效果的好坏起关键作用。

（1）遇事要多提问。

（2）不要独立解决问题。对于问题的解决方法，可以征求员工的建议，也可以召开一次出谋划策的会议，最终找出几个可供选择的方案，从中多做分析来确定最为有效的方案。

5.控制能力

从行政工作角度讲，控制就是根据既定的目标和计划任务，监督、检查其实际执行情况，若发现偏差，应找出原因，采取有效措施，以便更好地实现既定的目标与计划任务。

提高控制能力的要点如下。

（1）进行细致而准确的测评。为此，要做到图1-5所示的几点。

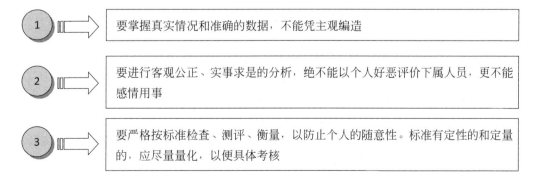

1　要掌握真实情况和准确的数据，不能凭主观编造

2　要进行客观公正、实事求是的分析，绝不能以个人好恶评价下属人员，更不能感情用事

3　要严格按标准检查、测评、衡量，以防止个人的随意性。标准有定性的和定量的，应尽量量化，以便具体考核

图1-5　进行细致而准确的测评

（2）及时发现偏差，迅速报告上级领导，使上级领导能及时采取措施加以更正。

（3）必须灵活机动地处理各种具体问题，尽可能地把行政工作做得尽善尽美。

6.职业道德要求

行政经理的道德素质，不但要高于一般的社会道德，而且在职业道德的起点上也高于一般岗位的职业道德，具体要求如图1-6所示。

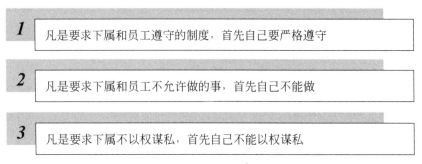

图1-6 职业道德要求

行政经理对自己的职业道德素质要求不能混同于自己的下属，更不能混同于一般员工。在道德素质方面，行政经理必须严格要求自己，才能言传身教，影响他人，让员工为实现目标而齐心合力工作。如果其在道德素质方面不能严格要求自己，便会产生不良影响，使他人对其产生不信任，从而不利于工作的开展。

7.心理素质要求

行政经理应该具有过硬的心理素质，即有敢于决断的气质、坚忍不拔的意志和承受心理压力的能力。这样才能从容地面对行政工作中的各种复杂问题和更好地处理各种烦琐的事务，其具体要求如图1-7所示。

坚强的意志

在行政工作的具体事务中，难免会有一些大大小小的困难与压力，有时，这些困难不易克服，由此就会带来巨大的压力，甚至会让人感到沮丧，尤其是在时间紧、任务重的情况下，行政经理要承受的压力不亚于其他部门领导。而此时，只有具备坚强的意志力，才能从容不迫、冷静地做好每项工作

超常的忍耐力

作为行政经理，要保持一定的威望，就必须要忍受寂寞的煎熬，有时员工有些想法，也是不可避免的。经验告诉我们：先战胜自己才能战胜别人，先控制好自己才能控制好别人。只有具有自制的能力，才能在寂寞孤单时妥善调整心态，冷静化解与员工之间的隔阂

图1-7 行政经理心理素质要求

问题3：行政经理有什么权力？

行政经理所拥有的权力是其履行工作的基础，没有权力，行政经理就不能对员工的行为进行控制，管理活动也就无法进行。通常而言，行政经理拥有图1-8所示的五种权力。

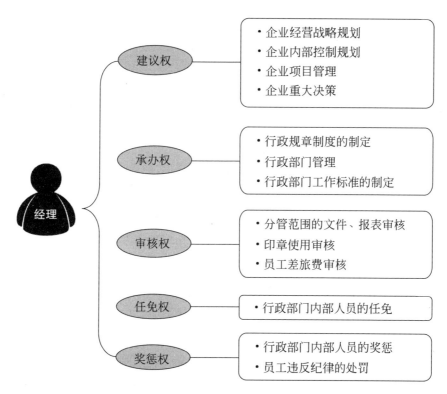

经理

建议权
- 企业经营战略规划
- 企业内部控制规划
- 企业项目管理
- 企业重大决策

承办权
- 行政规章制度的制定
- 行政部门管理
- 行政部门工作标准的制定

审核权
- 分管范围的文件、报表审核
- 印章使用审核
- 员工差旅费审核

任免权
- 行政部门内部人员的任免

奖惩权
- 行政部门内部人员的奖惩
- 员工违反纪律的处罚

图1-8　行政经理拥有的权力

行政经理诚然大权在握，但一定要注意使用，不要轻易炫耀自己的权力，更不可滥用权力。行政经理在使用权力时，必须做到"三不要"：一是不要以权谋私；二是不要以权徇私；三是不要意气用权。

问题4：行政经理扮演什么角色？

企业行政管理担负着整个企业的管理和协调工作，而企业行政管理者就是企业的幕后英雄，做的是烦琐复杂的日常行政工作，不仅对工作要求高，而且往往吃力不讨好。

一般来说，行政经理在企业中会扮演图1-9所示的四种角色。

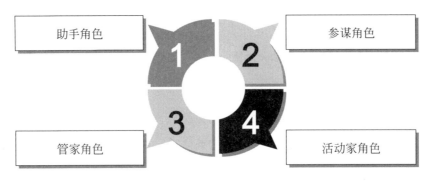

图1-9 行政经理扮演的角色

1.助手角色

这是企业行政经理在企业活动中所扮演的基本角色。企业行政部是协助上层领导做好综合管理、决策监督、调查研究、联系接待、管理文档和交办事项的管理部门，同时又是企业各职能部门工作的协调和事务管理部门，因此，企业行政管理的角色就是通过管理工作，使企业各项活动效率最大化，从而使企业管理工作井然有序。

2.参谋角色

现代企业所处的市场环境日益复杂，企业间的竞争愈加激烈，企业管理决策的难度越来越大。企业行政管理者的智囊、咨询、参谋作用愈显重要。任何个体的智力和经验都是有限的，企业的决策层往往因为事务繁多，无法对各种情况都做充分了解。行政经理的参谋作用是必需而且重要的。尤其在对各种决策信息的综合把握上，行政部是主要的管理部门，对决策所需相关信息的熟悉和把握可以给企业的上层决策提供很大的帮助，有助于企业在各种竞争中增加制胜筹码。

3.管家角色

在企业中，上层领导主要是从宏观上把握企业的经营战略和策略，职能部门负责各项职能工作的具体实施，而行政经理则主要充当统筹、策划、安排、处理各种行政事务的角色，即类似于"管家"。其主要任务是经营策略的制定实施、协调控制，安排企业内各职能部门的日常工作。这些工作的好坏，直接影响企业整体的运作效率。这是因为在企业管理活动中，企业行政机构属于综合性部门，处于枢纽地位，便于协调、组织和管理需要相互配合的整体活动和全局性工作。

4.活动家角色

企业行政经理在企业活动中起着信息的汇总和传递作用，并在职权范围内从事公关和协调工作，因而扮演着活动家的角色。

第二周　认识行政管理

行政管理是指通过有效的计划、组织、监督、控制与协调来对企业的人、财、物等内部事务和活动进行统一的管理，以便提高企业组织效能和效率的一种方法。

问题5：行政管理有什么功能？

行政管理工作可以说是千头万绪、纷繁复杂的。企业行政人员每天都面临着大量的、琐碎的、不起眼的事务。但是，这些事务只不过是行政管理这棵大树上的枝枝叶叶而已。

概括起来说，行政管理在企业中主要有如图1-10所示的三大功能。

图1-10　行政管理的三大功能

1.管理是主干

行政部不能满足于在日常事务的层次上做好领导的"参谋和助手"，还必须在企业的经营理念、管理策略、企业精神、企业文化、用人政策等重大问题上有自己的思考，并且高屋建瓴地在实际工作中加以贯彻落实，成为领导不可缺少的"高参和臂膀"。

这就要求行政经理不能满足于做一个事务主义者，而是要做一个有思想、敢创新、有冲劲的领导者；换句话说，他不能仅仅满足于做好一个战术家，还要努力做好一个战略家。

很显然，只有有思想、懂战略、敢创新、有冲力的人，才能把行政工作做得更好，做得再上一个档次。

2.协调是核心

行政管理者不能简单地以传达领导的命令、完成领导交办的任务为满足；也不能凭借自己在企业的独特地位对各个部门颐指气使，以权压人。行政部应主动做好上与下、左与右、里与外的沟通，并在充分沟通的基础上做好协调。没有充分沟通的协调不能称为真正的协调。

3.服务是根本

从"服务"上说，行政部要甘当幕后英雄的角色。因为行政服务做得再出色，毕竟是以服务于企业为最终目的。行政部的工作，特别是后勤服务工作，永远不要奢望成为企业关注的"中心"。不但不可能，而且不应该。因为如果一个企业的关注点在行政部门，那只能说明一点，即行政工作做得实在太糟糕，影响了企业各方面的工作，影响了企业最终目标的实现，以至于引起大家的关注。

问题6：行政管理包含哪些内容？

企业行政管理工作包括：行政事务管理、办公事务管理、人力资源管理，具体包括图1-11所示的内容。

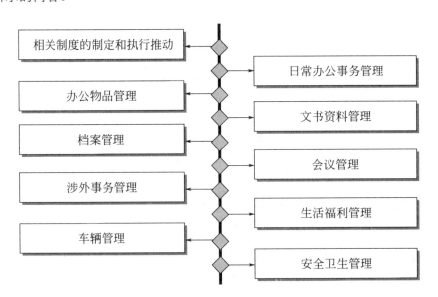

图1-11　行政管理包含的内容

问题7：行政管理的要点是什么？

1.行政管理工作需要明确岗位职责

行政事务多而烦琐，如下所示。

（1）日常办公事务管理包括日常事务计划安排、组织实施、信息沟通、协调控制、检查总结和奖励惩罚等方面的管理工作。

（2）办公物品管理包括办公物品的发放、使用、保管、采购以及相应制度的制定。

（3）文书资料管理包括公文管理、档案管理、书刊管理。

（4）会议管理包括会前准备、会中服务、会后工作。

（5）其他事务视具体情况而定。

作为行政部，应按岗位职责明确分工，保证每项工作都有人抓。

2.行政管理工作需要加强沟通

沟通包括横向沟通和纵向沟通。

（1）横向沟通。

横向沟通的对象包括企业内部相关部门和外界媒体、政府机关等。行政经理在传达精神和布置工作任务及协调各部门工作时，一定要真诚、谦虚。与外界沟通时需要有较强的适应能力和自我控制能力。

（2）纵向沟通。

纵向沟通分为与上级部门沟通和与下级部门沟通，如图1-12所示。

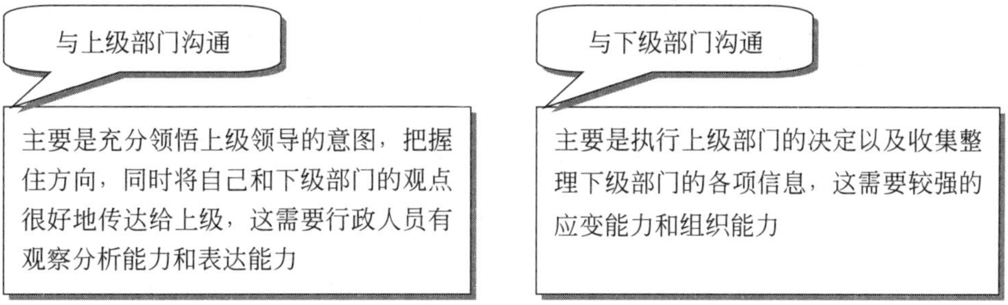

与上级部门沟通

主要是充分领悟上级领导的意图，把握住方向，同时将自己和下级部门的观点很好地传达给上级，这需要行政人员有观察分析能力和表达能力

与下级部门沟通

主要是执行上级部门的决定以及收集整理下级部门的各项信息，这需要较强的应变能力和组织能力

图1-12　纵向沟通

3.行政管理工作需要注重信息的收集和整理

信息包括企业外部信息和企业内部信息。

（1）企业外部信息具体包括：国家相关政策法规；社会习惯、风俗、时尚变化；市场需求、消费结构、消费层次的变化；竞争企业信息；科学技术发展信息；突发事件等。

（2）企业内部信息具体包括：财务状况；生产状况；产销状况；采购、库存信息；设备的使用和管理；人才资源等。

特别提示

作为一名行政经理，最重要的是要及时了解企业内部情况发展变化、国家政府机关相关政策和法律规定的变化。

4.行政管理工作需要踏踏实实的态度

完善成熟的制度有了，既定目标有了，关键就是要执行好，这需要注意图1-13所示的几点。

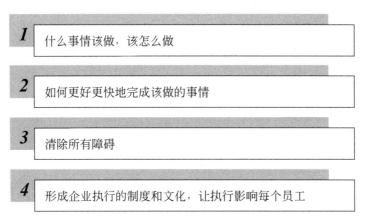

1 什么事情该做，该怎么做

2 如何更好更快地完成该做的事情

3 清除所有障碍

4 形成企业执行的制度和文化，让执行影响每个员工

图1-13　做好行政管理工作需注意的要点

只要我们把行政管理工作做到位、做深入、做细致，每个人都来参与管理，那么企业就会发展得更快、走得更远。

问题8：什么是企业的行政管理体系？

企业行政管理体系，可以说是企业的"中枢神经系统"。它是以总经理为最高领导、由行政副总经理分工负责、由专门行政部组织实施，其触角深入企业各个部门和分支机构的一个完整的系统、网络。

行政管理体系担负着企业的管理工作；企业中行政管理之外的工作，都是某个方面的"业务"。行政管理体系推动和保证着企业的技术（设计）、生产（施工）、资金（财务）、经营（销售）、发展（开发）几大块业务顺利、有效的进行和相互之间的协调。

负责行政、技术、生产、财务、经营或开发的各位副总经理，都应在总经理的领导下、协助总经理统揽涉及全公司各部门、各分支机构的"行政""技术""生产""财务""经营"或"开发"事务；不管涉及哪个部门或哪个分支机构，只要是"行政方面"的事，都由行政副总经理统一领导和出面协调。

专门的行政管理部门（通常称为办公室、总经理办公室、行政人事部之类）担负着企业行政管理的组织实施、具体操作，是行政管理工作中的一个部分、一个环节，是整个行政管理系统中的一个小系统。

企业设立行政管理系统部门的初衷往往是将主营业务（制造、销售、研发等）外的事务性工作剥离出来，使得企业的管理者能够集中精力和时间做主营业务，保持业务的迅猛增长并提高市场竞争力。随着企业的逐步发展壮大，又从行政中分离出市场、人力资源、客户服务、售后服务等专门机构。

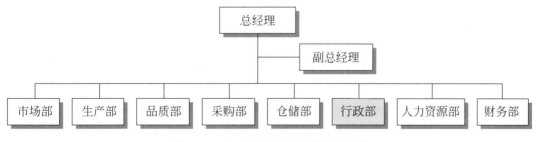

第三周　熟悉自己的部门

行政部是企业各方信息的汇合点，每天要处理大量的信息；并与企业的各个部门有大量的接触，不仅要与领导沟通，还要与平级部门及下级部门建立广泛的联系。

问题 9：行政部在企业的地位如何？

行政部主要负责企业的行政后勤、总务、保卫及秘书等方面工作，是企业的综合办事部门。同时，行政部负责贯彻执行领导的指示，做好各部门之间的联络沟通工作，及时向领导反映情况、反馈信息，综合协调各部门的工作，督办和检查各项工作、计划。通常而言，行政部在企业中所处的位置如图1-14所示。

图1-14　行政部在企业中所处的位置

说明：图1-14中列举的八大部门是企业的主要部门，行政部发挥着综合协调的作用。

问题10：行政部的职责权限是什么？

行政部主要负责企业的行政后勤、总务、保卫及秘书等方面的工作，是企业的综合办事部门。同时负责贯彻领导的指示，做好各部门之间的联络沟通工作，及时向领导反映情况、反馈信息，做好各部门之间的相互配合及综合协调工作，以及对各项工作、计划的督办和检查。具体内容包括以下几个方面。

1.行政部的职能

行政部的职能主要体现在图1-15所示的几个方面。

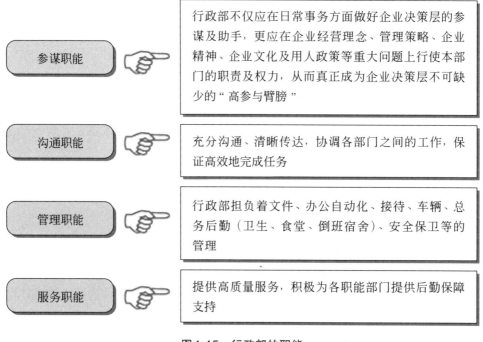

参谋职能	☞	行政部不仅应在日常事务方面做好企业决策层的参谋及助手，更应在企业经营理念、管理策略、企业精神、企业文化及用人政策等重大问题上行使本部门的职责及权力，从而真正成为企业决策层不可缺少的"高参与臂膀"
沟通职能	☞	充分沟通、清晰传达，协调各部门之间的工作，保证高效地完成任务
管理职能	☞	行政部担负着文件、办公自动化、接待、车辆、总务后勤（卫生、食堂、倒班宿舍）、安全保卫等的管理
服务职能	☞	提供高质量服务，积极为各职能部门提供后勤保障支持

图1-15　行政部的职能

2.行政部的职责

（1）根据领导意图和企业发展战略，负责起草重要文稿，牵头或协助完成企业规划的制定。

（2）负责企业资料、信息的管理以及宣传报道等日常行政事务管理工作。

（3）公司会议的组织、记录及记录归档工作。

（4）负责前台接待、客人来访登记以及迎送等招待工作。

（5）负责企业日常安全保卫及消防管理工作。

（6）负责企业车辆调动管理工作。

（7）负责企业总务后勤管理工作。

（8）负责企业对外宣传、公关工作。

（9）牵头组织危机管理委员会，制定危机处理预案。

（10）完成企业高层临时交办的工作。

3.行政部的权力

（1）根据企业总体战略规划，对企业经营计划有建议权。

（2）依照制度，有对行政稽查中发现的问题进行处理的权力。

（3）依照制度，按规定程序，有对其他部门处罚的建议权。

（4）依照制度，对企业员工违反行政制度有处罚建议权。

（5）依照制度，有对企业行政资源（比如车辆、办公设备等）合理调动的权力。

（6）有对部门内部员工聘任、解聘的建议权。

问题11：行政部的工作流程是什么？

行政部的工作流程相对固定，受企业规模、性质、产品等因素的影响较小。某企业行政部的工作流程如图1-16所示。

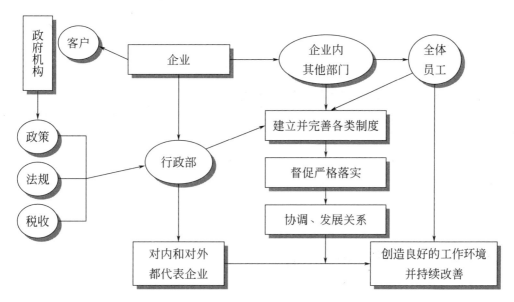

图1-16　某企业行政部的工作流程

说明：行政部对内和对外都代表企业。对内要创造良好的工作环境并持续改善，对外则要与各方保持联络，维护好关系。

问题12：行政部与其他部门有什么关系？

行政部虽然不直接领导其他职能部门，但为企业的其他部门提供服务，与其他部门在业务上的关系非常紧密，具体如图1-17所示。

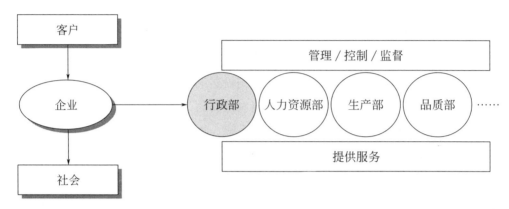

图1-17　行政部与其他部门的关系

说明：行政部既为企业的人力资源部、生产部、品质部提供服务，如提供办公设备、办公用品等，也对各部门的日常工作进行监督。

第四周　建设自己的团队

任何一个部门的事务都需要一个团队才能完成，作为行政经理，必须组建自己的团队，依靠团队的力量来完成工作。

问题13：行政经理有哪些下属？

由于企业所属行业和规模不同，企业行政组织的结构也不尽相同。因而，行政经理的下属构成也不一样。

　　小型企业员工数量不多，服务标准不高，人员流动缓慢，一般不设立单独的行政管理部门，行政工作只是某个岗位的一项职能。所以，就无行政经理这一职位了。

　　大中型企业员工数量多，岗位种类多，服务标准高，人员流动频繁，行政任务重，这样的企业一般都设有独立的行政管理部门。独立的行政管理部门也因职能的多寡而配置不同的人员。通常而言，行政经理之下会有文员/秘书、宿舍专员、后勤主管、保安主管、司机等下属，如图1-18所示。

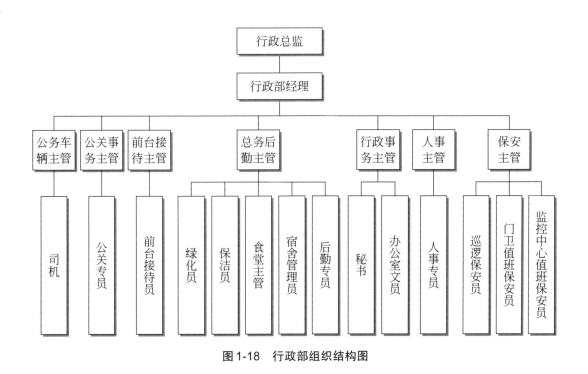

图1-18　行政部组织结构图

问题14：行政部应设置哪些职位？

　　在进行行政部内部职位设置时，应以"精干、高效、合理"为原则，按照行政部各职能划分和工作量的大小进行职位设置与人员的配备。行政经理在对行政部进行职位设置及人员配备的过程中，可以根据企业自身的实际情况采取"一人多岗"或"一岗多人"的设置方案，将相关职位按照其职能进行分解或合并。

　　下面提供一份某生产制造企业行政部的职位设置及人员配备情况，仅供参考。

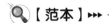 【范本】▶▶ --

行政部的职位设置及人员配备情况

部门	职位编号	职位名称	配备人数
行政部	X-01	行政部总监或经理	1人
	X-02	行政部经理或助理	1人
	总计人数：2人		
行政事务部	A-01	行政事务主管	1人
	A-02	行政文员	1人
	A-03	档案管理员	1人
	总计人数：3人		
办公事务部	B-01	办公室主管	1人
	B-02	办公室秘书	1人
	B-03	前台(接线)文员	1人
	总计人数：3人		
总务部	D-01	总务主管	1人
	D-02	后勤管理员	1人
	D-03	员工食宿管理员	1人
	D-04	保洁绿化员	1人
	D-05	司机	1人
	总计人数：5人		
保安部	E-01	保安主管	1人
	E-02	保安员	1～2人
	总计人数：2～3人		

问题15：如何提升团队凝聚力？

　　企业行政管理队伍的稳定发展离不开团队凝聚力，一个具有凝聚力的团队将会激发成员的工作热情，让员工在实现自身价值的同时实现团队发展目标。在现代企业中，行政管理工作是企业有效运转的重要前提，企业行政管理队伍的凝聚力对企业的发展具有重要意义。要提升行政管理团队的凝聚力，行政经理可从图1-19所示的几个方面着手。

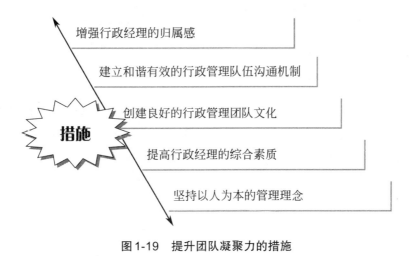

图1-19 提升团队凝聚力的措施

1.增强行政经理的归属感

要使行政经理在队伍中具有归属感，需要企业行政管理队伍形成和谐的团队氛围。行政经理能否在团队中找到归属感直接影响团队凝聚力的形成，而归属感的形成是双向问题。

对此，员工要学会主动沟通、主动接纳、主动融入团队，在团队中实现自身的价值，这也是快速提高团队归属感的有效方法。行政经理要重点关注团队新成员的发展，主动表现出关心和帮助，例如引导员工分析企业生涯规划，在团队中找到其合理定位，激励员工相互合作形成凝聚力。对于行政管理队伍新成员来说，刚进入一个团队必然会感到不安和犹豫，此时需要团队成员和团队领导的鼓励和帮助，使其产生团队归属感，并在以后的工作中充分发挥主观能动性，为企业效益的提高发挥作用，并在工作中逐渐形成维护团队的集体荣誉感。

> **特别提示**
>
> 行政管理队伍是企业行政经理成长的一个平台，要积极培养团队成员主动承担团队责任的想法，明确自身在团队中独有的价值。

2.建立和谐有效的行政管理队伍沟通机制

积极的沟通是一个团队形成高度凝聚力的重要途径。企业行政经理在工作中，难免会和团队成员产生矛盾，作为团队领导要及时与团队成员沟通与交流，防止负面情绪的产生。团队成员良好的沟通是实现凝聚力的前提条件，这就要求团队领导与成员之间相互包容，团队成员之间相互信任。在产生矛盾时，应进行积极的沟通，坚持实事求是的原则，顺利解决问题，不让矛盾影响团队凝聚力。构建民主批评与自我批评的沟通平台，打破行政经理在工作中存在的沟通误区或者瓶颈，有利于在后期行政管理工作中形成积极效应。民主会议的精神和原则若落到实处，将有利于在行政管理队伍内部形成凝聚力。

3. 创建良好的行政管理团队文化

企业行政管理队伍中良好的团队文化是使队伍成员增强凝聚力的外部条件，良好的团队文化能够促进团队成员的沟通与交流，培养团队成员整体的工作默契，使团队内部形成积极向上的发展氛围。行政经理要给予每位团队成员公平发展的平台，发挥出自身的优势，还要打破英雄主义，使每位工作人员都能发挥出自身的价值，拥有实现自身价值的良好平台。

除此以外，行政经理还要培养团队成员之间的信任和配合默契程度，形成相互学习、相互帮助的良好氛围。凝聚力是企业员工团队建设的重要内容，企业要在内部营造具有创新特色的团队文化氛围，加强创新企业文化建设，促进行政管理工作的协调发展，使行政经理在浓厚的企业文化氛围中大胆创新，例如定期开展各项团队协作活动、团队项目大赛、户外拓展训练等。

4. 提高行政经理的综合素质

具有较强凝聚力的队伍是由一群综合素质高的团队成员组成的，每位成员都具有较强的团队意识和奉献精神，每个团队成员都不断提升自我，促进整个团队实力的提升。在企业行政管理队伍凝聚力的建设中，要充分发挥每一位优秀人才的作用，将合适的人安排在合适的岗位上。企业行政管理岗位需要高素质的综合型人才，行政经理要具备较强的思想觉悟和团队精神，并促进团队成员自我提升。在企业行政管理效率提高中起关键作用的是管理者本身，这就要求企业将行政管理人才的选择作为重点，选择综合素质和能力较高的行政经理，并不断提升人才选择和考核的科学性，运用科学的工作方法提高行政管理效率。

因此，企业要定期对行政经理进行考核，为企业行政管理队伍的建设培养高素质的人才，将管理技术的提高和管理人才的培养相结合，共同促进行政管理队伍凝聚力的提升。

5. 坚持以人为本的管理理念

企业要坚持以人为本的管理理念，清楚在现代企业发展中发挥重要作用的就是人力资源，企业的竞争也是人才的竞争，因此在企业管理中要注重对行政经理的培养，合理选择行政管理人才并发挥人才的巨大潜力，为企业创造出巨大的经济价值。可通过培训、薪酬激励等方式激发行政管理员工的积极性，培养其创新精神，从而提高行政管理团队的整体创造力和凝聚力。

第二个月
自我提升

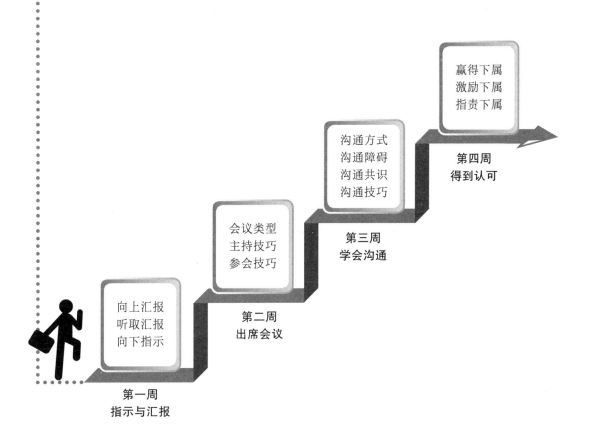

赢得下属
激励下属
指责下属

第四周
得到认可

沟通方式
沟通障碍
沟通共识
沟通技巧

第三周
学会沟通

会议类型
主持技巧
参会技巧

第二周
出席会议

向上汇报
听取汇报
向下指示

第一周
指示与汇报

第一周　下达指示与汇报工作

行政经理是中层管理者，负有信息上传下达的职责。从上级那里接受命令，然后准确地传达给下属去执行；接受下属的工作汇报，同时，自己也要向上级汇报工作。

问题16：如何向上级汇报工作？

汇报工作，指的是下属向上级领导（即上司）以口头或书面形式陈述工作情况，是上下级之间进行沟通的一种重要途径，同时也为上司提供了一个考察下属的机会。作为中间层的行政经理，免不了要向上司汇报工作，同时也要听取下属的汇报，所以，需掌握好这方面的技巧。

1.汇报的要点

汇报的要点如图2-1所示。

1 精简

不要带着邀功的心态，极力强调你工作的难处。此外，汇报要简明扼要

2 有针对性

汇报的内容要与原定目标和计划相对应，切忌漫无边际

3 从上司的角度来看问题

使汇报的内容更贴近上司的期望

4 尊重上司的评价，不要争论

通常情况下，争论需分为三个步骤。首先要明确问题的焦点，然后提出持不同观点的理由，最后寻找问题解决的途径。而在汇报时，几乎没有时间将争论进行到第三阶段，因而上司也就很难赞同你的观点

5 补充事实

在汇报完后，一般上司会给予评价，从中可以知道上司对哪些地方不太清楚。你可以补充介绍，或提供补充材料，加深上司对你所汇报工作的全面了解

图2-1　汇报的要点

2.注意事项

向上级汇报工作时应注意如图2-2所示的事项。

1 遵守时间，不可失约

应树立极强的时间观念，不要过早抵达，使上级准备未毕而难堪，也不要迟到，让上级等候过久

2 汇报内容要真实

汇报内容要实事求是，汇报时要吐字清晰，语调、声音大小恰当

3 注意礼仪

汇报时，要注意仪表、姿态，站有站相，坐有坐相，文雅大方，彬彬有礼

4 汇报结束后不可不耐烦

汇报结束后，上级如果谈兴犹在，你不可有不耐烦的体态语言产生，等到由上级表示结束时才可以告辞

5 告辞时要整理

告辞时，要整理好自己的材料、衣着与茶具、座椅，当领导送别时要主动说"谢谢"或"请留步"

图2-2　向上级汇报工作时的注意事项

问题17：如何听取下属的汇报？

行政经理在听取下属的工作汇报时要注意图2-3所示的几点。

1 应守时

如果已约定时间，应准时等候，如有可能可稍提前一点时间，并做好相应的准备工作

2 要平等

应及时招呼汇报者进门入座。不可居高临下，盛气凌人，大摆官架子

3 要善于倾听

当下属汇报时，可与之进行目光交流，配以点头等表示自己认真倾听的肢体语言

4 要善于提问

对汇报中不甚清楚的问题可及时提出来，要求汇报者重复一遍、仔细解释，也可以适当提问，但要注意所提的问题不能打消对方汇报的兴致。不要随意批评、拍板，要先思而后言

5 不可有不礼貌的行为

听取汇报时不要有频繁看表或打哈欠、做其他事情等不礼貌的行为。要求下属结束汇报时可以通过合适的肢体语言或委婉的语气告诉对方，不能粗暴打断

6 要礼貌相送

当下属告辞时，应站起来相送。如果是联系不多的下属来汇报时，还应送至门口，并亲切道别

图2-3　听取员工汇报工作时的注意事项

问题18：如何向下属下达指示？

作为行政经理，经常要对下属下达指示，可能你对下达指示不以为意，认为很简单。你是否曾这样下过指示？

"小李，你把全公司的费用管理列个制度出来。"

"王师傅，你去把车库打扫一下，明天要来检查了。"

"小查，你把下半年的费用弄个计划表给我。"

如果你经常这样下指示的话，那现在请你以执行者的心态去想想：收到这样的指示，

你会按照指示去执行吗？执行能达到要求吗？肯定不会，为什么呢？因为下属没有"听懂"指示的真正含义。全公司的什么费用？车库打扫到什么程度才能经得起检查？下半年费用该怎么计划？按什么来安排计划？这些都没有明确，别人怎么能执行呢？

1.指示的具体内容——5W2H

没有具体内容的命令，往往使下属无所适从，他们要么不去做，要么自己发挥想象来做，必然导致结果出现偏差。那么，怎样下指示才有效呢？

完整地发出命令要有"5W2H"共七个方面的具体内容（图2-4），这样下属才能明确地知道自己的工作目标是什么。

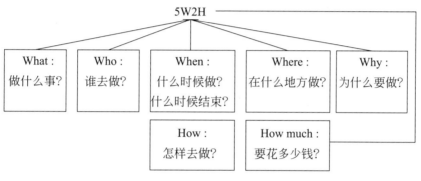

图2-4 "5W2H"要点

只有"5W2H"明确了，执行人员才会按照指示要求将事做好。

2.注意事项

在下达指示时，还要注意图2-5所示的几个问题。

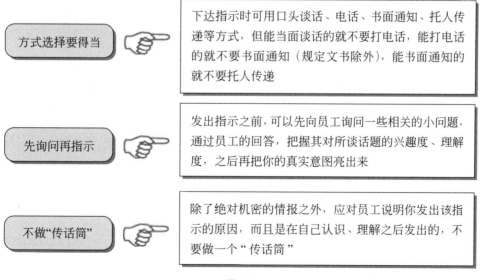

图2-5

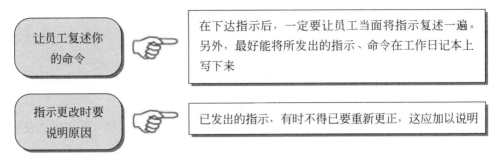

图2-5　下达指示的注意事项

特别提示

　　尽量当面下达指示，必要的时候要示范演练，同时在下达完后一定要让下属当你的面将指示复述一遍。另外，最好你和你的下属都能将你所发出的指示、命令在工作日记本上写下来，既便于下属记忆和传达，也便于你自己检查与监督。

　　下面是同一条指示不同表达的举例，你认为哪一个最好呢？

　　"小顾，你们组这个月的行政开支又超了，你想个办法出来吧！"

　　"小顾，我从报表上看到，你们组这个月的行政费用又超了，你想个办法解决一下吧！"

　　"小顾，我从报表上看到，你们组这个月行政费用超了4076元。我也看了一下，应该是更换了两台打印机，当然超了就算了。只是，我想知道你下个月有没有具体的措施来减少费用的开支，保持全年的总体不超支，这样大家都可以拿到节约奖。你看看，是不是明天下午拿个具体方案给我，我们一起来讨论一下？"

第二周　主持会议与参加会议

　　会议是现代管理的一种重要手段，作为管理者的行政经理，不免要召开会议和参加各种各样的会议。

问题19：会议有哪些类型？

　　企业内的会议往往有很多，有常规的，也有非常规的。

1.常规会议

常规会议是指时间或内容较为固定的会议。

如每年年初的行政部署规划会议、每个月的防火安全会议等。

2.非常规会议

非常规会议是指由于生产、品质、安全、管理等方面突发异常，需要通告或协调或决定而召开的会议。非常规会议一般带有较强的时间紧急性。

如因外单位参观而召开的现场会等。

问题20：主持会议有什么技巧?

主持会议的能力，是考验一个人是否适合担任领导的最简单方式。如何提高开会的效率，让每个人都能各抒己见、各得其所？图2-6所示的几点很重要。

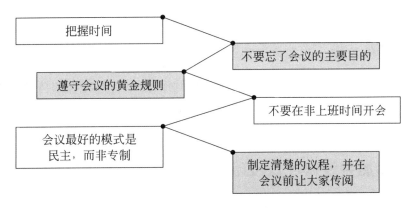

图2-6 主持会议的要点

1.把握时间

为了尊重每个人，开会最忌讳的就是拖延时间，尤其是一些经常性的会议。所以行政经理要让会议顺畅地进行，要对每个议题的讨论时间做出限制。如果某个议题讨论太久，还没有结果，就把这个议题记下来，下次开会时再讨论。

特别提示

如果会议一定要得出某些具体结论的话，在开会前就要先告知每个参与的人，不达目的决不罢休。不要为了减轻与会人员的负担而迅速结束会议，这只会让你的后续动作更困难而已。

2.不要忘了会议的主要目的

开会通常有三个目的：沟通、管理和决策。不管哪一个目的，最重要的是以行动为焦点。例如讨论要采取什么行动，上次行动的结果如何，或是在不同的行动方案中选择一个。要避免没有讨论行动的会议，因为那只会浪费时间。

3.遵守会议的黄金规则

公开称赞，私下批评。避免公开批评别人的意见，因为这对士气有很大的伤害。

4.不要在非上班时间开会

尽量在日常上班时间开会，除非是很紧急的事情。喜欢在傍晚或者周末开会的人，缺乏工作与生活的平衡，自然也无法在正常时间做好分内的工作。

5.会议最好的模式是民主，而非专制

不要试图影响与会者，得出与你想要的结论，更不要只凭你的职衔或权力来领导他人。好的领导应该使用说服，而不是强迫的方式。另外，还要了解会议的意义，如果你想要宣告自己的一项政策，只要将它发布在相关媒体上即可，不需要召集大家。

6.制定清楚的议程，并在会议前让大家传阅

在开会前必须清楚这次会议的目的、内容和讨论方式，并整理成清楚的议程，在会议前让大家传阅，这样才能让与会人员有充分的时间准备相关的资料。

问题21：参加会议有什么技巧？

以上介绍的是作为主持人的技巧，然而，作为行政经理，你不仅是主持会议，还经常会参加一些会议，那么，参加会议应注意哪些技巧呢？如图2-7所示的技巧对你的职场生涯一定大有帮助。

1.有准备地赴会

为了使你在每一场会议中都取得最好的效果，在走进会议室之前，对以下几个问题，必须拥有周全的答案。

（1）谁召开这次会议。为了明确会议的重要性，首先要问会议的召开人是谁。显而易见地，董事长所召开的会议，要比总经理所召开的会议更加重要。

（2）为何召开这次会议。若不弄清楚会议的真正目的而贸然走进会议室，你将很容易受创。因此，在参会前你应先清楚以下几点。

图2-7　参加会议的技巧

——这次会议是否为了那些悬而未决的老问题而召开？

——这次会议是否为了摆脱棘手的问题而召开？

——这次会议是否是因为某些人想迫使上司下决心做决策而召开？

2.做好会前沟通

如果你有新的提议，而且你的提议可能会影响另一个部门或另一些人的安全感，那么你应在会议之前，先与这些可能反对你意见的人进行沟通，以便采取一些足以维护他们的颜面的措施，甚至取得他们某种程度的谅解或支持。必要的时候，你也可以用他们的名义提出你的观点。尽管这样做，等于拱手将自己的观点送给别人，但是假如你志在令你的观点被采纳，这样做又何妨？

> **特别提示**
>
> 无论你是否在会议前进行沟通，在会议中，一旦你要提出新观点，千万不要在言辞上威胁到有利害关系的人士。

3.谋求沟通方法

会议场合中的沟通除了有声的语言之外，还有无声的语言，诸如仪容、姿态、手势、眼神、面部表情等。这些无声的语言也扮演着相当重要的角色。现将值得特别留意的地方简述如下。

（1）仪容要整洁。蓬头垢面者通常得不到与会者的好感。

（2）准时或提早抵达会场。

（3）避免穿着奇装异服。为稳妥起见，你的穿戴应尽量趋于平常。

（4）留意坐姿。最理想的坐姿是脊椎骨挺直但却不僵硬，因为只有这样，你才能在松弛的状态下保持警觉性。

（5）目不斜视。与人对话时最忌讳的是两眼闪烁或是斜眼看人，因为这样会让人对你的动机或品格产生不良的评价。同样忌讳的还有，以求情的眼光看人，因为这样做足以削弱你说话的分量。

（6）借手势或物品强调自身的观点。以手势配合说话的内容，可以令听众印象深刻。手势的幅度视你所想强调的内容而定。谈细节的时候，手势要小；谈大事时，手势要加大。运用手势时，必须考虑周围实体环境的情况。外界的空间越大，手势可越夸张；外界的空间越小，手势应越收敛。为强调你的意见而以物品作为道具是一种良好的举措。

4.重视活用数据

生活在数字的世界里，每天所见、所闻与所思，几乎没有不涉及数字的。然而，在会议中运用数字时，一定要注意图2-8所示的两个要领。

1 除非必要，否则不要随便提出数字

2 要设法为枯燥的数字注入生命。也就是要让数字所代表的事实，能成为与会者生活经验中的一部分

图2-8　在会议中运用数字的要领

5.树立良好形象

时刻留意自己在他人心目中的形象，因为好的形象在会议中可产生莫大的助力，不好的形象则足以令你在会议中处处受钳制。图2-9所示的是一些有助于塑造及维护良好形象的参考事项。

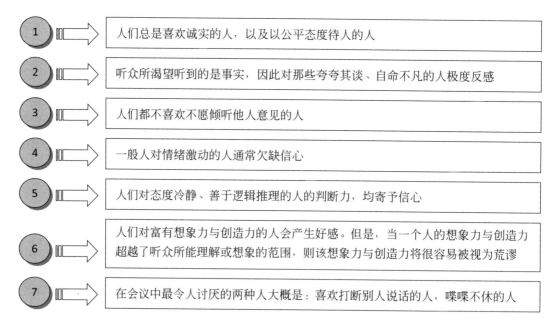

1　人们总是喜欢诚实的人，以及以公平态度待人的人

2　听众所渴望听到的是事实，因此对那些夸夸其谈、自命不凡的人极度反感

3　人们都不喜欢不愿倾听他人意见的人

4　一般人对情绪激动的人通常欠缺信心

5　人们对态度冷静、善于逻辑推理的人的判断力，均寄予信心

6　人们对富有想象力与创造力的人会产生好感。但是，当一个人的想象力与创造力超越了听众所能理解或想象的范围，则该想象力与创造力将很容易被视为荒谬

7　在会议中最令人讨厌的两种人大概是：喜欢打断别人说话的人，喋喋不休的人

图2-9　一些有助于塑造及维护良好形象的参考事项

6. 保持积极态度

在会议中，我们有时面临的是消极的气氛，包括消极的表情、消极的情绪、消极的话语、消极的反应等。在消极的气氛笼罩下，若能注入积极的言辞与积极的态度，那将成为严寒中的一股暖流。

下一次再参与会议，参照下列诸种要领行事，将获取良好的结果。

（1）从积极的角度看问题，将那些产生不良后果的消极性意念扭转为积极性意念。例如将"这200万元的投资当中有一半肯定要泡汤！"扭转为"这200万元的投资当中有一半肯定会带来收益！"

（2）倾听那些足以暴露真相的泄气话，并设法解开疑惑。

（3）降低会议中所面临问题的难度，设法先解决较简单的问题，以增进与会者解决困难问题的信心。

（4）自告奋勇地承担工作，这对减轻与会者的精神负担与实质负担均大有帮助。

（5）在其他与会者强调困境之际，设法提供解决方案。

（6）对提供良好的意见或解决途径的其他与会者，表达你个人的赞赏。

（7）面对棘手的问题时，应讲求实际，而不应悲观。

（8）鼓励与会者积极进取。

7. 协助控制会场

作为行政经理，即使你不是主持人，在必要的时候，你也需协助主持人控制会场，具体要求如图2-10所示。

千万要自律，切莫为主持人制造难题。这至少包括：不要与邻座交头接耳；除非特别紧要的事情，否则不要中途离席；不要与主持人或其他与会者争论；不要意气用事；不要在会议中做与会议无关的工作

假如与会者之间发生争论，则主动介入，并设法令争论的每一方都能理解对方的观点

如有人垄断会议，则主动提出自己的意见，或鼓励其他与会者发表意见，以打破垄断局面

如果讨论的内容偏离主题，则设法提醒与会者有关会议的目标及问题的焦点，以便将与会者的注意力引导回正题

图2-10　协助控制会场的要求

第三周 架起沟通的桥梁

行政经理，担负着企业行政规划部署和烦琐的行政事务，他的沟通，往往具有较大的权威性，这一点在与下属和与平行部门沟通中，表现比较突出，因为其代表了企业行为。

问题22：沟通有哪些方式？

企业内的沟通有图2-11所示的几种方式。

图2-11 沟通方式

1.文字形式

文字形式即以报告、备忘录、信函等文字方式来进行沟通。文字沟通的原则如图2-12所示。

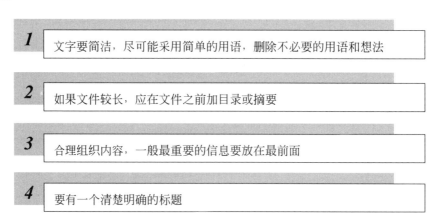

1	文字要简洁，尽可能采用简单的用语，删除不必要的用语和想法
2	如果文件较长，应在文件之前加目录或摘要
3	合理组织内容，一般最重要的信息要放在最前面
4	要有一个清楚明确的标题

图2-12 文字沟通的原则

2.口语形式

口语形式即利用口语面对面地进行沟通。口语沟通需要沟通者具有知识丰富、自信、发音清晰、语调和善、诚挚、逻辑性强、有同情心、心态开放、诚实、仪表好、幽默、机智、友善等有益沟通的特质。

3.非口语形式

非口语形式是指伴随沟通的一种非语言行为，具体包括图2-13所示的内容。

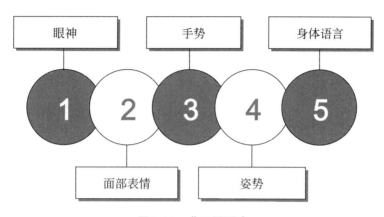

图2-13　非口语形式

问题23：沟通的障碍来自哪些方面？

有人为不善辞令、不善于表达而烦恼，因为常常会沟通不畅。但健谈的人也未必就是沟通高手，如果只会喋喋不休，易引起别人的反感，沟通也会有障碍。而不善表达者，如果抓住了重点，掌握一些技巧，沟通也会进行得很好。

常见的沟通障碍一般来自三个方面：传送方的问题、传送渠道的问题及接收方的问题，如表2-1所示。

表2-1　常见沟通障碍

障碍来源	传送方	传送渠道	接收方
主要障碍	（1）用词错误，词不达意 （2）咬文嚼字，过于啰嗦 （3）不善言辞，口齿不清 （4）只要求别人听自己的 （5）态度不正确 （6）对接收方反应不灵敏	（1）经过他人传递误会 （2）环境选择不当 （3）沟通时机不当 （4）有人破坏	（1）听不清楚 （2）只听自己喜欢的部分 （3）偏见 （4）光环效应 （5）情绪不佳 （6）没有注意言外之意

身为行政经理应克服沟通障碍，注意下列禁忌。

（1）只要求别人听自己的。

（2）只听自己想听的。

（3）不好的口头禅。

（4）语句威胁。

（5）不好的沟通环境。

（6）不稳定的情绪。

此外，在沟通时还要注意图2-14所示的"三要三不要"。

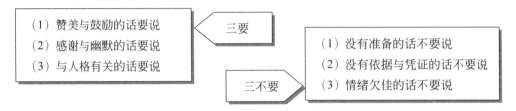

图2-14　沟通的"三要三不要"

问题24：如何达成沟通的共识？

行政经理与人沟通时应达成图2-15所示的共识。

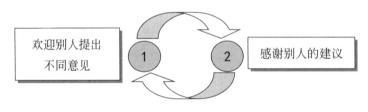

图2-15　达成沟通的共识

只要员工愿意说出工作方面的建议，无论正面或反面都是好事。一来行政经理可以倾听员工内心真正的声音，二来即使员工对部门有诸多不满，但只要他愿意说出来，就给公司和管理者提供一个改进的机会。

在这个过程中，要先听后说，中间不做情绪的直接反应（非理性情绪），并且态度诚恳，说话实际。

当沟通无共识时，应予以协调；协调未决的，应进行谈判；谈判无结果的，应暂时搁置，然后寻求其他方法解决。

当上司与下属各执一词，无法证明何者较佳时，站在下属的立场，若裁决用上司的方案，下属应全力支持；站在上司的立场，若可预防风险，并以此培养下属的某项能力时，可以裁决用下属的方案。

相关链接

沟通的"7C"原则

美国著名的公共关系专家特立普和森特在他们合著的被誉为"公关圣经"的著作《有效的公共关系》中提出了有效沟通的"7C"原则。

Correct（正确）——传递的信息必须是正确的。

Complete（完整）——在沟通中，双方将自己要说的内容说得完整。

Concrete（言之有物）——在沟通中要有事实、有证据。

Clarity（清晰）——沟通之前做好准备，分类汇总，有条理地解释说明。

Courtesy（礼貌）——沟通中要注重礼仪，说话讲技巧、有分寸。

Concise（简明）——要简洁，越简单越好。

Considerate（体贴）——换位思考，将心比心。

问题25：如何运用沟通的技巧？

沟通是一个讲与听的过程，所以，行政经理不但要会讲，还要会听，同时，要注意语调、态度。

1.倾听

倾听是沟通最重要的技巧，当下属的"话匣子"打开以后，沟通已经成功一半了。倾听讲究"停、看、听"，如图2-16所示。

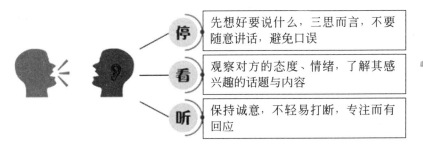

停　先想好要说什么，三思而言，不要随意讲话，避免口误

看　观察对方的态度、情绪，了解其感兴趣的话题与内容

听　保持诚意，不轻易打断，专注而有回应

图2-16　倾听的要求

2.谈吐

行政经理在与他人沟通时，一定要注意自己的谈吐。

（1）注意交谈的语调。

（2）考虑时间、场所。

（3）言简意赅。

（4）多使用肯定语句，少使用非肯定语句，不用攻击、伤害、批评、讽刺的语句。

3.态度

（1）伸手不打笑脸人，应用轻松、平和的态度与人沟通。

（2）心平气和、义正词婉，理性的沟通有利于双方形成共识。

（3）肯定自己、肯定别人。

（4）注意眼神、姿势、肢体语言等。

问题26：管理沟通的要领何在？

1.向上沟通

通常每个人都有上司，如何与上司沟通呢？有图2-17所示的三个技巧可供参考。

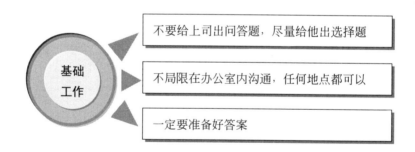

图2-17　向上沟通的技巧

（1）不要给上司出问答题，尽量给他出选择题。遇到问题需要解决时，千万不要跟上司说我们是不是找时间讨论一下？假如上司说"再说吧"，这样问题就不知道拖到什么时候能解决了。所以对上司讲话不要出问答题，要出选择题。

——领导您看明天下午开个会怎么样？

——那么后天上午呢？

——那么后天上午十点半以后呢？

——好吧，十点半以后。

——谢谢，我明天下班前再提醒您一下，后天上午十点半我们开个会。

（2）不局限在办公室内沟通，任何地点都可以。这里有一个经验值得借鉴：上司很忙，但再忙总得下班回家吧。有些只需要简单回答"是"或"否"的问题，就可以采取这种方法，到停车场等候上司。这时他一定会看到你，就会给出答案。

（3）一定要准备好答案。没有准备好答案，只有两个后果。第一个后果是上司会在心里想，你连这个能力都没有？什么答案都要我来想，我用你干吗？第二个后果是上司也没有什么太好的答案，因为他的智商跟我们也差不多。因此，与其让他想半天也想不出来，还不如干脆给他答案。

情境：行政副总经理办公室。

行政经理：胡副总经理，我想向您反映一个情况，也算是我的一个建议吧。

胡副总经理：哦？好啊，你说说看。

行政经理：我们公司也有8年的历史了，一直租用这个大厦，员工现在由80人增加到180人，有一个问题不能不引起我们的重视。现在大厦保安力量明显不足，我也了解到，一些公司办公室有被盗现象，而且很严重，既有钱财损失也有信息资料丢失。我想，我们能不能招聘保安，这样……

胡副总经理：你别说了，你知道增加3个人需要多少开支吗？按每个人每月2800元算，加上夜班补助，每月近10000元开支啊。

行政经理：是的，您说得不错。可是，如果不增加保安，万一被盗，可能损失远不止每月10000元。用每月10000元来保证公司全部财产的安全，我觉得值得。我也算过了，我们可以采取只招两个人的办法，对班倒，这样可以减少一些开支。按每个人每月3000元计算工资，加上夜班补助每晚20元，一个人每月3600元，两个人每月7200元，节约了一个人的开支。

胡副总经理：哈哈，你倒是很精明的哟，行了，就按你说的办。

这个案例给我们这样的启示：向上沟通，一定要带着办法去，不要"把球踢给上司"，他没有你更了解情况。

2.往下沟通

松下幸之助的管理思想中倾听和沟通占有重要的地位，他经常问下属："说说看，你对这件事怎么考虑？"他还经常到工厂里去走走，一方面便于发现问题，另一方面有利于听取工人的意见和建议。韦尔奇也是沟通理论的踏实执行者，为了充分了解下情，他喜欢进行"深潜"。可见，掌握与下属沟通的技巧和艺术，对领导者有着举足轻重的意义。那么，怎么做才能使往下沟通有成果呢？图2-18所示的三个建议供大家参考。

（1）多了解状况。与下属沟通时，如果你是"空降部队"，建议多学习、多了解、多询问、多做功课，多了解状况是一件非常重要的事情。不了解情况就回去做功课，把功课做好了，再把你的下属叫过来面对面地谈，这样你言之有物，人家才会心甘情愿听你的话，很多上司都说底下的人不听话，其实，他们不想听是因为你说不出什么。

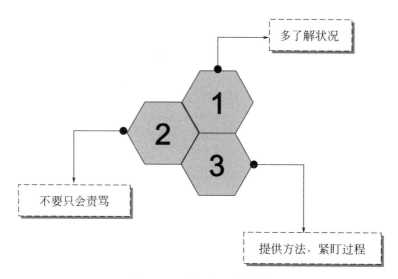

多了解状况

不要只会责骂

提供方法，紧盯过程

图2-18 往下沟通的方法

（2）不要只会责骂。花点学费，让下属去体会是值得的。很多上司不愿意犯任何错，也不愿让下属做任何实验，这听起来很安全，其实他是一个永远长不大的业务员。

（3）提供方法，紧盯过程。与下属沟通，重要的是提供方法和紧盯过程，如果你管过仓库，就告诉他存货是怎么浪费的。如果你当过财务，就告诉他回款为什么常常有问题。

情境：行政经理办公室。

行政经理：老贺，今天请你来，是想和你商量一件事，看行不行。

清洁工老贺：哦，大经理说的我都执行。

行政经理：呵呵，也不要这样说嘛，我也有说错的时候。是这样，最近你也知道，赵×生孩子去了，她的事情一直是周姐代着做的，但是周姐年龄比较大，我在想，你一个人住在工厂，你就把赵×的事情给代着做一下，到她上班为止。你这边付出了，我自然也不能让你吃太多亏，每个月我给你1000元补助，你喜欢喝点酒，就算是买酒的钱了，你看怎么样？

清洁工老贺：没有问题，经理这样为我着想，我一定要干好！

行政经理：那好，就这样说定了哦，那我可是要安排人检查督促的哟。

这个案例告诉我们：和下属沟通，一定要把情况跟他说明白，让他理解这样做的目的和意义，还要告诉他做到什么程度。

3.水平沟通

水平沟通是指没有上下级关系的部门之间的沟通。部门的平级沟通经常缺乏真心，缺少肺腑之言，服务及积极配合意识欠缺。消除水平沟通的障碍，要做到图2-19所示的几点。

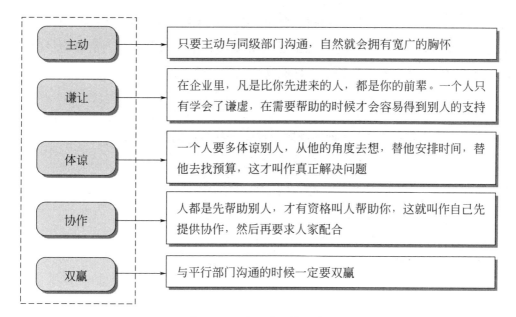

图2-19　水平沟通的要点

以下通过一个案例说明如何与其他部门的同事进行沟通。

情境：生产部经理办公室。

行政经理：毕经理，你好啊，我向你求援来了。

生产部毕经理：你好啊，什么事啊？

行政经理：是这样，这不是夏季来临了吗，我们行政部天天都要给各个部门送降温品，任务繁重，又不能增加人手，其他部门也抽不出人手。你们不是有三班倒的员工吗？我想，能不能你给出个面，动员9个人，每天下午2点来行政部，和我们部门的员工一起送一下降温品到各车间、部门，大约1.5小时可完成。员工业余时间帮忙，也就是3个月的时间，当然，我也考虑，每个人每天给30元的补助，你看怎么样？

生产部毕经理：呵呵，小问题，我明天就让他们到你办公室报到。

行政经理：那太感谢你了！

通过这个平行沟通的案例，我们看到，与平行部门沟通，特别是求助于人的时候，一定要把自己的困难讲清楚，取得别人的同情，这样的沟通才能达到目的。

问题27：如何提升沟通能力？

1.开列沟通情境和沟通对象清单

这一步非常简单。闭上眼睛想一想，你都在哪些情境中与人沟通，比如在学校、家庭、工作单位，聚会时以及日常的与人打交道的情境。再想一想，你都需要与哪些人沟通，比如朋友、父母、同学、配偶、亲戚、领导、邻居、陌生人等。开列清单的目的是使自己清楚沟通的范围和对象，以便全面地提高自己的沟通能力。

2.评价自己的沟通状况

在这一步里，根据表2-2所列的问题，评价一下自己的沟通状况。

表2-2　评价自己的沟通状况

问题	我的状况
1.对哪些情境的沟通感到愉快 2.对哪些情境的沟通感到有心理压力 3.最愿意与谁保持沟通 4.最不喜欢与谁沟通 5.是否经常与多数人保持愉快的沟通 6.是否常感到自己的意思没有说清楚 7.是否常误解别人，事后才发觉自己错了 8.是否与朋友保持经常性联系 9.是否经常懒得给人打电话	

特别提示

客观、认真地回答上述问题，有助于我们了解自己在哪些情境中与哪些人的沟通状况较为理想，在哪些情境中与哪些人的沟通需要着力改善。

3.评价自己的沟通方式

在这一步中，主要问自己如下三个问题，见表2-3。

表2-3　评价自己的沟通方式

问题	我的答案
第一个问题：通常情况下，自己是主动与别人沟通还是被动沟通 第二个问题：在与别人沟通时，自己的注意力是否集中 第三个问题：在表达自己的意图时，信息是否充分	

主动沟通者与被动沟通者的沟通情况往往有明显差异。研究表明，主动沟通者更容易建立并维持广泛的人际关系，更可能在人际交往中获得成功。

（1）制订、执行沟通计划。通过前几个步骤，你一定能够发现自己在哪些方面存在不足，从而确定在哪些方面重点改进。比如，沟通范围狭窄，则需要扩大沟通范围；忽略了与友人的联系，则需经常写信、打电话；沟通主动性不够，则需要积极主动地与人沟通等。把这些制成一个循序渐进的沟通计划，然后把自己的计划付诸行动，体现在具体的生活小事中。比如，觉得自己的沟通范围狭窄，主动性不够，你可以规定自己每周与两个素不相识的人打招呼，具体可问路、说说天气等。不必害羞，没有人会取笑你的主动，相反，对方可能还会欣赏你的勇气呢。

> **特别提示**
>
> 在制订和执行计划时，要注意"小步子"的原则，即不要对自己提出太高的要求，以免实现不了，反而挫伤自己的积极性。小要求实现并巩固之后，再对自己提出更高的要求。

（2）对计划执行进行监督。这一步至关重要，一旦监督不力，可能就会功亏一篑。最好是自己对自己进行监督，比如用日记、图表记录自己的计划执行情况，并评价与分析自己的感受。

当你完成了某一个计划，如与一直不敢说话的异性打了招呼，你可以奖励自己一顿美餐，或是看场电影轻松轻松，这样有助于巩固阶段性成果。如果没有完成计划，就要采取一些惩罚措施，比如做俯卧撑或是做一些平时不愿做的体力活。

总之，计划的执行需要信心，要坚信自己能够成功。记住：一个人能够做的，比他已经做的和相信自己能够做的要多得多。

▼

第四周　赢得下属的信任

作为管理者，只要能赢得下属的信任，下属就会主动地、积极地投入工作；若双方没有建立起信任感，企业内部的一切规章以及管理者的角色与功能，都会失去效用。

问题28：如何赢得下属的心？

1.掌握下属的基本资料

（1）掌握下属的履历表。行政经理应该详细掌握每一位下属的工作履历，包括年龄、籍贯、教育背景、工作经历、进公司的时间以及主要的升迁状况。如果你所辖的下属很多，可以借助人事部门的资料档案，但对于直属的下属应该熟悉上述资料。基层的管理者，则应有一份自己下属的履历表（表2-4）。

表2-4　下属履历表

序号	姓名	性别	出生年月	学历	家庭住址	进司时间	职务	任现职时间	备注

（2）下属工作状况。行政经理应尽可能地掌握下属的技能状况、兴趣专长、优缺点，并作为任用、培训、升迁等的参考资料之一（表2-5）。

表2-5　下属工作特性状况表

序号	姓名	性别	技能A	技能B	技能C	技能D	兴趣专长	优点	缺点	备注

（3）下属教育培训。了解下属的需求，根据其个人发展规划制订计划。

2.关注下属的异常表现

行政经理针对有反常表现的下属，应了解原因，适时给予关心与调整，协助其"恢复正常"。常见的异常表现有以下几种。

（1）说话的语气很"冲"。

（2）变得没有朝气。

（3）不喜欢说话。

（4）经常请假，或不配合加班。

（5）一举一动与平日不同。

（6）对领导交代的任务爱理不理。

（7）工作草率、马虎，不负责任。

（8）不与领导或其他同事打招呼。

（9）仪容仪表与往常相比反差很大。

（10）精神恍惚，做事丢三落四。

（11）动作变得迟钝。

（12）走路垂头丧气、无精打采。

（13）身体状况变得不佳。

3.获得下属的尊重

作为行政经理，如何获得下属的尊重，需做到以下几点。

（1）以身作则。

（2）仪容整洁，举止端正，言行一致。

（3）严守纪律。

（4）表现出个人的真诚。

（5）谨慎处理与下属的友谊。

（6）对错误负责。

（7）有耐性，冷静。

（8）前后一致。

（9）要求下属有好的言行。

（10）期望下属做好工作。

（11）赞许下属好的工作表现。

（12）公开称赞，私下批评。

（13）不要为下属"制造"过多的工作。

（14）现场主义，了解实情。

（15）公正，不偏不倚。

4.赢得下属的认可

行政经理可从以下几个方面来赢得下属的认可。

（1）要自信。

（2）多与下属沟通。

（3）鼓励并聆听下属的建议。

（4）让下属知所当知。

（5）坚持诚实。

（6）信守承诺。

（7）不要批评上司。

（8）尊重下属的隐私。

特别提示

下属所期待的理想上司是以身作则、言出必行、具有目标意识、传达明确、关心下属、能克制情绪、公私分明、勇于担当、能良好沟通的人。

问题29：如何激励下属？

1.进行自我激励

要激励他人，首先要激励自己。行政经理每天要面对许多困难和挑战，如果不能自我激励，往往会知难而退，当然也就不能成长。

2.了解员工

要激励员工，就要了解他们的需求，了解他们到底想要什么。行政经理要进行了解分析，并依此确定激励的方式。员工期望调查结果见表2-6。

表2-6　员工期望调查结果

希望得到满意的事项	期望比例/%	现状满意平均分/分
1.工作被肯定与认可	89.2	3.25
2.高薪资	80.7	2.54
3.良好的工作环境	77.2	3.24
4.对工作内容有兴趣	76.9	3.44
5.归属感与参与感	70.1	3.07
6.受训、成长的机会	70.0	2.80
7.和谐的办公氛围	66.3	3.42
8.良好的福利制度	61.2	2.86
9.升迁	60.0	2.47
10.可信与可敬的主管	53.1	3.02
11.工作有保障	51.1	3.03
12.主管设身处地了解员工的私人困难	28.1	2.69

3.激励下属工作的方法

行政经理在激励下属时，可以采用提高工作兴趣、使下属知晓工作评价、促进下属积极参与工作、使下属在工作中获得更多满足感、改善人际关系等方法。

身为行政经理，如果要创造一个士气高昂的团队，则必须做到以下几点。

（1）给下属良好的工作环境。

（2）解释公司的使命，让下属了解。

（3）给予下属努力的目标。

（4）让每个人都成为独立的个体。

（5）创建团队独特的个性与魅力。

（6）让全员一起分享成果。

（7）营造积极的团队氛围。

（8）让自己成为一位激励型的领导者。

问题30：责备下属有什么技巧？

责备是一种期待，不是管理者滥用权力的工具。责备是期许下属能够认识问题所在，清楚自己的责任，并在日后的工作中进行改善。

行政经理应尽量避免对下属进行责备，只有下属因疏失而造成事情失误，才可以批评，并且只对事不对人，还应注意以下的要点。

（1）在一对一的情况下责备。

（2）注意责备的方法和时间。

（3）选择适当的场所。

（4）明白地说出责备的理由。

（5）指出具体事实。

（6）不可感情用事，失去理智。

（7）指责语气因人而异。

（8）不要伤害下属的自尊、自信和人格。

（9）责备下属时，也应考虑其优点。

（10）责备的态度要诚恳。

（11）抱着教育、教导下属的心态。

（12）对待下属应公正、公平。

（13）理性、感性的纠正及期望。

（14）允许下属有解释的机会。

（15）不可公报私怨。

（16）不要拿对方当出气筒，转嫁怨气。

（17）要弄清事情真相，不可只听片面之词。

第三个月

行政事务管理

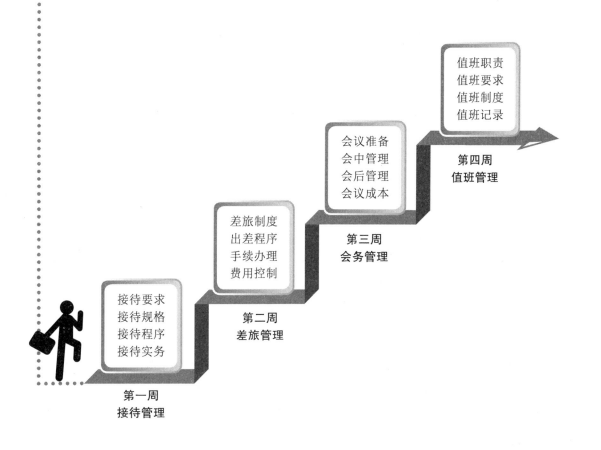

值班职责
值班要求
值班制度
值班记录

第四周
值班管理

会议准备
会中管理
会后管理
会议成本

第三周
会务管理

差旅制度
出差程序
手续办理
费用控制

第二周
差旅管理

接待要求
接待规格
接待程序
接待实务

第一周
接待管理

第一周　接待事务管理

接待工作是行政部门必不可少的日常工作之一，可帮助企业与社会各方面进行信息传递，并对宣传企业起到很大的作用，因此这项工作很重要。

问题31：接待工作的基本要求是什么？

在接待工作中，必须要求企业行政办公人员遵守图3-1所示的基本要求。

图3-1　接待工作的基本要求

1.诚恳热情

诚恳热情的态度是人际交往成功的起点，也是待客之道的首要点。热情、友好的言谈举止会使来访者产生一种温暖、愉快的感觉。因此，对于来访者，不管其身份、职位、资历、国籍如何，都应平等相待，诚恳热情，落落大方。

2.讲究礼仪

企业在经营中不可避免地会接触各种不同文化背景的人。企业应把接待工作作为一项重要的社会交际活动，接待人员应以礼待人，尊重各国文化，体现行政办公人员较高的礼仪素养。为此，应做到如图3-2所示的几个方面。

3.细致周到

接待工作的内容往往具体而琐碎，涉及许多部门和人员。这就要求行政办公人员在接待工作中要综合考虑，把工作做得面面俱到、细致入微、有条不紊、善始善终。

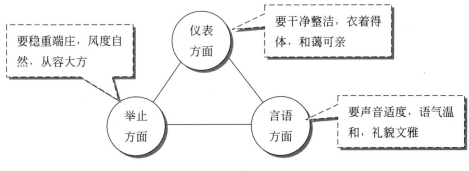

图3-2　讲究礼仪的要点

4.按章办事

企业应制定有关接待方面的规章制度，并要求行政办公人员严格遵守执行，具体要求如图3-3所示。

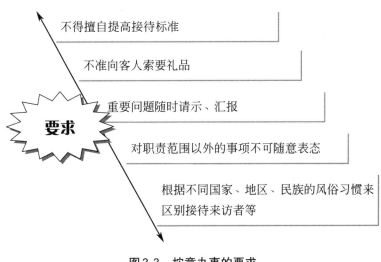

图3-3　按章办事的要求

5.保守秘密

在重要的接待工作中，往往会涉及一些机要事务、重要会议、秘密文电资料等，因此，接待人员在迎来送往的过程中，尤其要注意言谈举止的分寸，注意内外有别，严守公司秘密，做好保密工作。

问题32：如何划分接待规格？

接待的规格主要指接待的条件及陪同者的级别，一般根据来访者的具体情况确定。
接待规格包括高规格接待、低规格接待和对等接待三种形式，如图3-4所示。

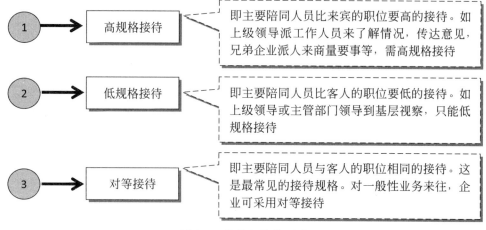

图 3-4 接待规格的形式

问题 33：常规接待程序是什么？

企业在接待工作上应有一套严格的程序，要求接待人员按程序办事，以确保接待工作的顺利进行。

1. 接待工作的准备

接待工作的准备很重要，它是整个接待工作中重要的一环。准备工作做得好，就使接待工作有了良好的基础，才能接待好客人。否则，接待工作很难达到应有的工作质量和接待效果，就可能出现忙乱、被动和漏洞、差错，具体如表 3-1 所示。

表 3-1 接待准备工作清单

序号	类别	准备事项	备注
1	了解来客信息	客人的信息要涵盖 ● 客人所在的企业、人数、性别、身份、民族 ● 客人的年龄和健康状况 ● 客人来访的目的和要求、抵离时间、乘坐的交通工具和车次、航班等	将上述情况及时向有关主管部门报告，同时通知有关部门和人员，认真做好接待的准备工作
2	拟订接待方案	接待重要客人或高规格的团组，应拟接待方案 ● 客人的基本情况 ● 接待工作的组织分工 ● 陪同人员 ● 食宿地点及房间安排 ● 伙食标准及宴请意见 ● 安全保卫 ● 交通工具	待接待方案经企业有关主管部门批准后认真加以落实

续表

序号	类别	准备事项	备注
2	拟订接待方案	● 费用支出 ● 活动方式和日程安排 ● 汇报内容的准备及参与人员的确定	待接待方案经企业有关主管部门批准后认真加以落实
3	落实接待方案	按照拟订的接待方案通知各有关方面做好准备工作，如下所示 ● 落实食宿地点 ● 通知宾馆安排好食宿 ● 落实交通工具 ● 通知有关部门准备汇报材料 ● 通知卫生部门，落实医疗保健措施 ● 通知接客人员，落实接车（机、船）办法；通知车站（机场、码头）	派专人跟踪

2.正式接待工作

正式接待工作程序如图3-5所示。

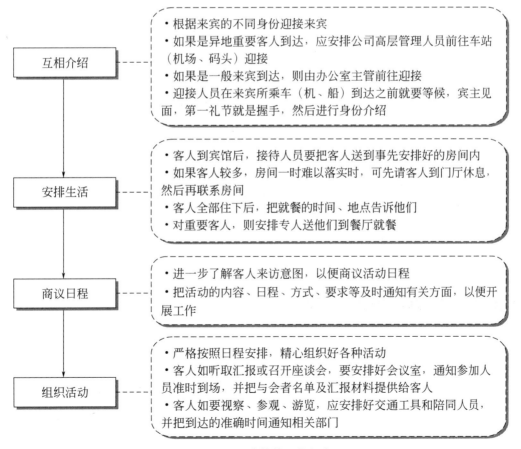

图3-5　正式接待工作程序

3.总结收尾工作

（1）电话通知客人所属企业，告知客人所乘车（机、船）的班次及时间，以便相接。

（2）要与有关部门结算账目，及时付款。

（3）把接待工作中形成的文件、材料收集齐全，以备查用。

（4）总结接待工作的经验教训。

（5）立卷归档。

问题34：如何准备接待室？

接待室是为企业内人员和访客商谈公事所提供的场所。准备接待室时应做好图3-6所示的工作。

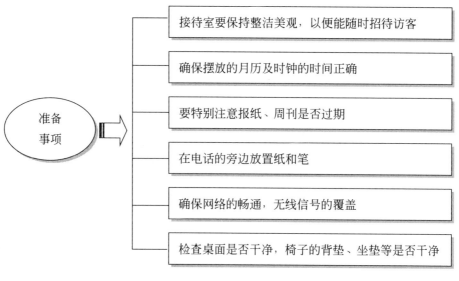

准备事项

- 接待室要保持整洁美观，以便能随时招待访客
- 确保摆放的月历及时钟的时间正确
- 要特别注意报纸、周刊是否过期
- 在电话的旁边放置纸和笔
- 确保网络的畅通，无线信号的覆盖
- 检查桌面是否干净，椅子的背垫、坐垫等是否干净

图3-6　接待室的准备

问题35：实践中如何接待各类人员？

1.预约接待

接待工作按照访客是否事先与企业有约定可分为预约接待和无预约接待。企业的接待工作大多是预约接待，接待时可以根据访客身份确定接待规格。预约接待流程如图3-7所示。

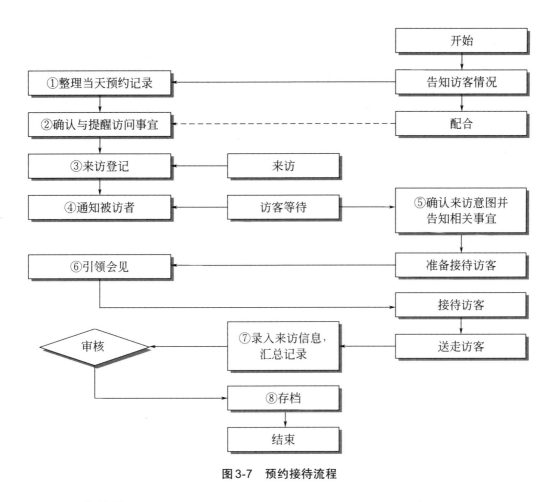

图3-7　预约接待流程

2.无预约接待

访客事先没有预约，而是临时来访的，这种接待称为无预约接待。无预约接待的要点如图3-8所示。

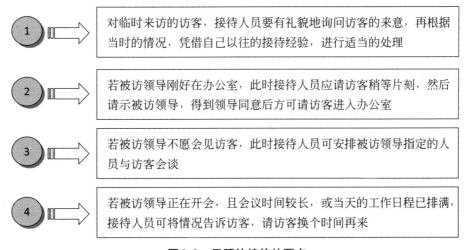

图3-8　无预约接待的要点

3.接待各类参观人员

做好参观人员的接待工作可以让外界了解企业各方面的情况，使企业与外部建立良好关系。前来参观的人员人数不等、规格不同，其接待方式也有所不同，具体如图3-9所示。

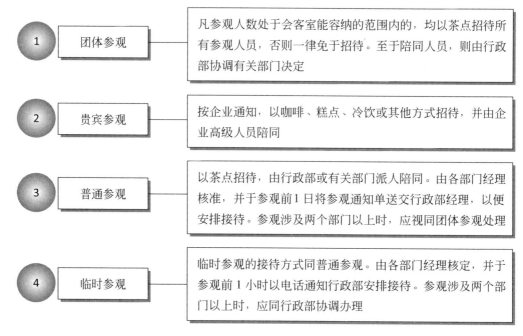

1 团体参观	凡参观人数处于会客室能容纳的范围内的，均以茶点招待所有参观人员，否则一律免于招待。至于陪同人员，则由行政部协调有关部门决定
2 贵宾参观	按企业通知，以咖啡、糕点、冷饮或其他方式招待，并由企业高级人员陪同
3 普通参观	以茶点招待，由行政部或有关部门派人陪同。由各部门经理核准，并于参观前1日将参观通知单送交行政部经理，以便安排接待。参观涉及两个部门以上时，应视同团体参观处理
4 临时参观	临时参观的接待方式同普通参观。由各部门经理核定，并于参观前1小时以电话通知行政部安排接待。参观涉及两个部门以上时，应同行政部协调办理

图3-9　接待各类参观人员要点

4.接待下属企业来人

一般来说，下属企业来人通常都是来汇报工作或请示问题的，接待他们时应注意图3-10所示的要点。

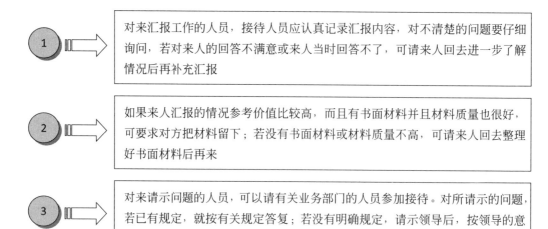

1	对来汇报工作的人员，接待人员应认真记录汇报内容，对不清楚的问题要仔细询问，若对来人的回答不满意或来人当时回答不了，可请来人回去进一步了解情况后再补充汇报
2	如果来人汇报的情况参考价值比较高，而且有书面材料并且材料质量也很好，可要求对方把材料留下；若没有书面材料或材料质量不高，可请来人回去整理好书面材料后再来
3	对来请示问题的人员，可以请有关业务部门的人员参加接待。对所请示的问题，若已有规定，就按有关规定答复；若没有明确规定，请示领导后，按领导的意见答复

图3-10　接待下属企业来人的要点

5.接待与企业有业务往来的人员

与企业有业务往来的人员，大多是来商谈业务合作的，一般按企业领导意图，找有关业务部门负责人一同接待。在接待这类人员时应注意图3-11所示的事项。

在接待时，接待人员要注意交流情况，既要向来人介绍本企业的情况，又要主动了解来人企业的情况、发展趋势等。无论来人的具体目的如何，均应以平等、热情、尊重的态度接待对方

如果双方在商谈过程中产生意见分歧，接待人员要冷静处理，不可意气用事。如果对方提出业务合作事项，接待人员可以洽谈条件，经企业领导同意，与对方签订协议

图3-11　接待与企业有业务往来人员的注意事项

6.接待新闻记者

新闻记者来访，除了指名要见领导的，一般都由行政接待人员接待。接待工作要点如图3-12所示。

接待人员要主动热情地接待记者，对与采访有关的要求尽力予以满足。记者的提问往往比较尖锐，接待人员应在遵守企业规定的前提下坦诚相告，尽量使他们得到满意的答复，避免使用"不能说""不知道"一类的词语

记者采访完毕，接待人员可以问清是否为公开报道，如果对方给予报道，就请他们写好报道稿件，送给企业领导审阅，由领导决定是否可以报道

如果记者准备报道不利于企业的新闻，接待人员要保持冷静，耐心加以解释，并尽可能为记者提供相关资料，供他们核实

如果记者要进行歪曲报道，接待人员应据理力争，并通过合法手段维护企业声誉

图3-12　接待新闻记者的要点

7.接待前来洽谈业务的人员

对前来洽谈业务的人员，经企业领导同意，接待人员或随领导一起接待，或与有关业务部门负责人一同接待，具体内容如图3-13所示。

接待人员参与业务洽谈，要事先做好准备，做到知己知彼。知己就是真正了解企业的情况，以客观的态度介绍企业的优势和薄弱环节；知彼就是尽可能多地掌握和准备好有关对方的资料，以此预测对方想要通过洽谈实现的目标

 在业务洽谈中，不能采用欺骗等不正当手段来赢得有利于企业的机会

 遇到不同的意见和看法，接待人员要通过洽谈逐步达成一致。既要站在企业的立场上据理力争，又要适当满足对方的要求，达到互利共赢的目的

图3-13　接待前来洽谈业务的人员要点

8.接待上级检查机构

为了督促、检查下属企业对企业方针、政策的落实情况，或者为了处理重大案件、解决重要问题，管理机构可能会派各种检查机构前往下属企业进行检查。接待人员要根据检查机构的要求，积极做好接待工作。

一般情况下，主要领导应出面接待检查机构，接待人员要根据检查机构检查的范围、内容、重点、步骤及方式，协助领导做好准备工作。对检查机构的指导意见，接待人员要认真听取和记录，整理后向领导汇报。

第二周　差旅管理

对出差实施有效管理，可以确保员工提高办事效率、顺利完成出差任务，同时强化员工成本管理意识，合理控制差旅费开支，从而达到控制成本的目的。

问题36：如何制定差旅制度？

企业行政部必须从出差申请和审批开始着手，对出差费用报销这一系列活动进行有效的管理。在制定出差制度时，行政部要充分注意图3-14所示的问题。

在出差管理中，制定切实可行、要求严格的出差管理制度，可加强企业对员工出差事务的管理，保证出差活动的有效性，节省不必要的出差费用开支以及严明有关出差组织纪律。

出差人员在出差途中会遇到的各种问题及其解决办法

可能出现的出差人员"道德风险"问题

行之有效的监督控制措施

图3-14　制定出差制度时应考虑的问题

通常来说，出差手续有交通手续、食宿手续及出国手续等。出差交通工具有公司车辆、出租车、火车、高铁、长途客车、飞机、轮船等，企业一般应根据出差的具体情况予以确定。

（1）出差路途较近者，一般可填写"派车申请单"，向企业申请公务用车。

（2）若因公外出，出差路程并不远但事情较急，经领导同意后可租车前往，租车费可以报销。

（3）出差路程较远者，自己先出资，回来后填写"出差旅费报销单"和其他食宿费用一起报销。

（4）若路途遥远，时间也较紧，可搭乘飞机，由行政部预订机票。若出差地点设有企业分支机构，可通知分支机构安排食宿。

特别提示

如果有企业员工因公或学习需要出国的，行政部应事先为其办理好护照、签证，并办理好酒店、机船票预订等一系列事宜。对于初次出国的员工，行政部门还要为他提供更多的信息和协助。

问题37：出差管理的程序是什么？

出差管理的程序如图3-15所示。

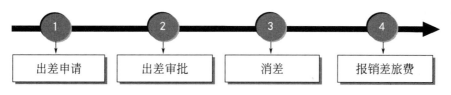

图3-15　出差管理的程序

1.出差申请

在出差之前，企业内即将出差者应填写"员工出差申请单"，出差的期限由出差人员所在部门主管视出差任务的需要，事先予以核定。出差者填写完"员工出差申请单"后应上交部门主管。

"员工出差申请单"上通常要注明以下几点内容：姓名、出差时间、出差地点、出差事由等，如表3-2所示。

表3-2 员工出差申请单

姓名		职称		职等（等级）	
出差时间	自 年 月 日（星期 ） 午 时 分起 至 年 月 日（星期 ） 午 时 分止 共 计 日				
出差事由					
出差地点	单位： 起 迄				
申请暂支费用					
申请人签名		代理人签名			
部门主管签名					
主管签章					

注：1.各项申请补助费用，参照"国内出差旅费报支要点"规定核实列报。
　　2.出差事毕，应于15日内附出差旅费报告表，连同有关票据，一并报请财务审核。

2.出差审批

出差审批的关键在于对出差审批权限的管理，出差审批权限视出差人员的职位高低和出差时间长短而定。一般而言，企业部门经理或副经理以下的人员出差，时间若在一天以内（包括一天），由所在部门经理或副经理批准；时间若在一天以上，由总经理或副总经理批准。部门经理或副经理出差，一律由总经理批准。

"员工出差申请单"经审查批准后，出差者可凭其填写借款（预支）单，到财务处办理借款（预支）手续。

3.消差

出差结束后回到企业，出差者应立即到有关部门报到消差，并尽快写出详细的出差汇报，送有关领导审阅。

4.报销差旅费

企业出差费用一般可以分为交通费、住宿费、餐饮费、各种杂费及其他特殊费用，对其的具体管理，企业可根据自身特点制定相应的制度。

出差回来后四天内，出差人员应向财务处办理报销手续，费用报销原则如图3-16所示。

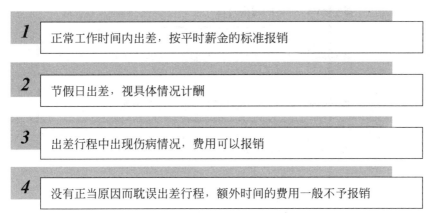

1 正常工作时间内出差，按平时薪金的标准报销

2 节假日出差，视具体情况计酬

3 出差行程中出现伤病情况，费用可以报销

4 没有正当原因而耽误出差行程，额外时间的费用一般不予报销

图3-16　费用报销原则

问题38：如何预订机票（火车票）、客房？

行政部经理应安排专人负责出差人员机票（火车票）、酒店的预订工作。

1.建立自己的旅行信息资料库

行政工作人员平时注意收集一些交通图、时间表和飞机时刻表，以便解决一些如从北京坐飞机到深圳一般需要长时间、票价多少这样的一般问题。当然，时刻表和票价总是在不断变化，所以应该上网查找最新信息。

2.在预订之前弄清商旅必要的信息

行政工作人员在开始预订工作之前，不但要弄清楚出差者的目的地，而且要知道他们喜欢使用的交通工具及企业的相关规定。不管找不找外面的旅行社或企业的旅行部，订票和订酒店时都需要掌握图3-17所示的信息。

有时候公司希望员工乘坐特定的航班。若出差者准备去的城市有好几个航班而又不局限于哪一次，行政工作人员就要把主要的航班列出来并标上出发及到达的时间，然后交给出差者来决定哪次航班最合适。

在有些情况下，坐高铁也许更方便、更舒服。若是这样，就要准备一份列车时刻表，标明出发和到达的时间，以便确定走哪条线及购买车票。

如果计划中的旅行有好几段行程，可把每段行程的情况各写一份，这种信息对预订工作很有帮助。

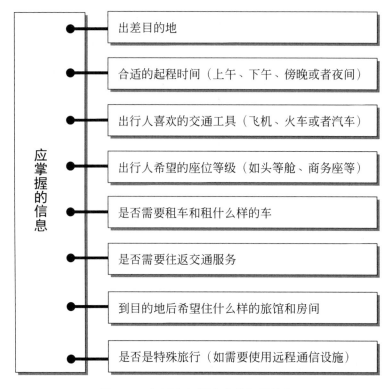

图3-17　订票和订酒店应掌握的信息

3.办理机票预订手续之前材料一定要备齐

办理机票预订手续之前材料一定要备齐，与他人联系订票时应记下对方姓名或工号，同时告知对方自己的姓名，并向对方提供如图3-18所示的信息。

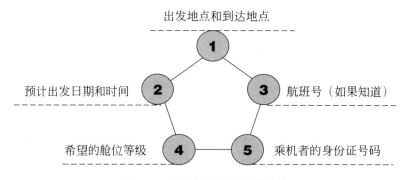

图3-18　预订机票应提供的信息

特别提示

航空公司可能会提供特价国内飞机票、游览票（票价优惠的回程票）或者推销价。如果你想购买这种票，必须问清楚有何限制。

4.核对订票信息是否符合要求

检查飞机票应核实以下内容。

（1）航班号是否正确？

（2）出发时间是否符合你的要求？

（3）飞机是否在你预想的机场起飞？

（4）到达的城市是否是你上司想去的？

（5）预订的机票是否是你预想的航班？

（6）机票是否完整无缺？

检查火车票和检查飞机票差不多，主要检查时间、日期、目的地、火车车次、铺位和火车站等。当然，也应注意检查火车票是否完好无缺。

5.酒店预订应考虑周到

进行酒店预订的时候，要提供图3-19所示的信息。

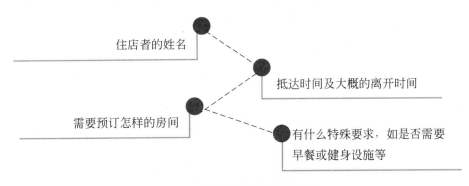

图3-19　酒店预订应提供的信息

若预订需要有保证，要事先讲明，这样酒店就会在第二天结账之前一直把房间留着。若想取消预订，下午6时之前一定要打电话（旅游胜地往往是下午4时），否则当天要收费，同时应索要取消号码存档。

问题39：如何办理国外出差出入境手续？

随着经济全球化与企业国际化的发展，人员的国际往来日益增多，企业的领导、业务人员出国考察访问、洽谈等已属平常，而出国就要涉及出入境事务。这一事务一般由行政部来承担。出国申请的主要流程有：递呈出国申请书、办理护照、申请签证、办理健康证书、办理出境登记卡等。

1.递呈出国申请书

（1）出国申请书的内容，一般包括出国事由、出国团队的人数、出国路线（外国公司所在国名称）、出国日程安排（出国时间，在国外的活动时间、地点，回国时间）等。

（2）申请文书后面要附出国人员名单（写清出国人员的姓名、年龄、性别、职务、职称）以及外国企业所发的邀请函（副件）。

（3）出国申请书由企业行政文员撰写，经领导审阅后递呈当地出入境管理部门。

2.办理护照

在为本企业人员办理护照时，要注意的事项如下。

（1）携带有关证件：主管部门的出国任务批件，出国人员政审批件，所去国家的有关公司的邀请书（函）等文件。

（2）认真填写有关卡片和申请表。

（3）拿到护照后，再认真检查核对每位出国人员的姓名、籍贯、出生年月和出生地点。

（4）若是组团出国，则要检查护照上的照片与姓名是否准确无误，有无授权发照人的签字和发照部门的盖章。另外还要注意发照日期和有效期有无问题，若已过期，必须申请延长。

护照如果遗失，应当立即向当地有关部门挂失，若查找不到，可申请补办。

3.申请签证

办理前往国的签证时，应持国外邀请书或有关国家移民局的允许证等，一般可通过中国旅行社签证代办处办理。如果出国者需一次出访两个或两个以上国家，应当在国内全部办妥。

取得签证后，行政经理应注意检查图3-20所示的两点内容。

图3-20 检查签证时应注意的要点

若由于种种原因签证已过期失效，在国内可申办延期，在国外应通过驻外使领馆或自行到所在国家有关当局办理延期手续。

问题40：如何控制差旅费？

差旅费往往占据企业日常行政费用的很大一部分，行政经理应协助企业总经理制定详细的差旅费标准，对差旅费进行严格控制。

下面提供一份某公司差旅费标准的范本，仅供参考。

【范本】▶▶▶ --

××公司差旅费标准

1.出差人员的住宿费以凭据报销；伙食费、交通费限额包干，均按出差的实际天数计算，不足一天的按全天计算。具体补贴标准如下。

住宿费、伙食费、交通费补贴标准

单位：元/天

职务		项目及标准		
		住宿费（两人/同性别）	伙食费	交通费
公司领导		按实列支	无	无
中层干部		××	××	××
采购人员		××	××	××
其余人员		××	××	××
销售部门	中层干部	××	××	××
	一般人员长驻	包干（公司解决住房）××元	长驻点到各地出差××元（含住宿）	
		包干（自行租赁住房）××元	长驻点到各地出差××元（含住宿）	
		包干××元（含住宿）		
	中层干部长驻	包干××元（含住宿）	长驻点到各地出差××元（含住宿）	
技术中心	一般人员	包干长驻点××元/天；住宿××天以上（含××天）××元/天；住宿××天以下××元/天		
	中层干部	（含住宿）××元		
	课题组长	包干××元（含住宿）		

2.员工到××地区出差，凭据报销车票，伙食费按××市每天××元报销，交通费不予报销。

3.员工到××市区（含郊区、新区）出差，凭据报销车票，伙食费和交通费不予报销。

4.出差人员自备交通工具或由其他单位提供交通工具的（包括汽车驾驶员），不予报销交通费。

5.员工到子公司或联营单位工作，其住宿费由子公司或联营单位承担，本单位不予报销住宿费，但可报销伙食费及交通费。

6.经公司领导批准，员工代表公司参加各类会议，可凭会议通知按实报销会议费、住宿费。会议已安排就餐或住宿费包括伙食费的，不另发伙食补贴。

7.中层干部、采购人员、销售人员出差，差旅费（住宿费、伙食费、交通费）有不同标准，但伙食费和交通费统一为每日××元和××元，其余部分实行住宿费限额，高于住宿费限额部分由个人负担，以鼓励出差人员按规定的标准住宿。住宿费用超支的部分，如确因特殊情况造成，可由分管领导签字后报销。

（1）同批次出差，有公司领导随行，按公司领导标准报销，即按实际报销，无补贴。

（2）同批次出差，有中层干部随行，按中层干部标准报销，即同性别两人出差，住宿费每人××元，单人或异性出差住宿费每人××元，无补贴，交通费分别为××元、××元。

8.各类出差人员应本着诚实的态度，开具与实际住宿费相符的住宿费发票并到公司报销。

第三周　会务管理

会议是指为有组织、有领导地商议事情而集会的一种工作形式，会务管理则是为使会议圆满、顺利地召开而开展的一系列工作。

问题41：如何做好会议准备工作？

认真做好会议前的准备工作，是开好会议、做好会务工作的保证。会议前的准备工作一般包括以下几个方面。

1.了解会议的类型

会议的类型不同，其复杂程度也不同，会议有两种类型，如图3-21所示。

（1）各部门日常例行会议，操作相对简单，也容易规范管理。

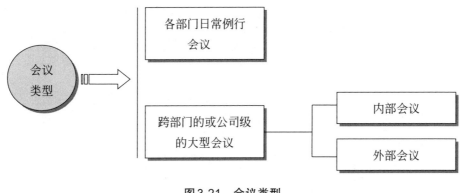

图3-21 会议类型

（2）跨部门的或公司级的大型会议，如展览会、鉴定会、研讨会等，涉及的部门广，需调用较多的人力、物力和公司内外部资源。这类会议又可根据是否利用公司已有的会务场所，往下细分为内部会议和外部会议。

2.安排会议议题

会议议题就是会议要解决的问题，会议议题一定要由管理者确定。行政部应做的工作是，根据管理者的指示，收集议题，并根据轻重缓急排出顺序，提出建议供管理者决断。收集会议议题时要注意提交会议讨论的问题是否集中，是否有必要提交给会议。有些会议，如代表会议和代表大会的议题，要通过企业管理程序来确定。议题收集反馈表见表3-3。

表3-3 议题收集反馈表

议题说明	时间安排	提交人/提交时间	备注

3.确定与会人员范围或名单

哪些人参加会议，应根据管理者意图和会议的性质、任务、内容而定。确定办法大致有图3-22所示的几种。

4.办理会议报批手续

有些会议经上级部门批准才能召开。

1	有固定成员的例会
	正副经理会等，由于与会人员是固定的，只需根据议题的需要，另拟列席人员

2	担任一定职务的人参加的会议
	如总经理召开的部门经理会议、企业的销售代表会议，其会议名称已确定了与会对象，只要按单位、按名单发通知即可

3	与会代表通过选举或推举而产生的会议
	如员工代表大会等，行政部要提出一个关于代表产生范围、代表的名额分配、代表的条件的建议

4	由单位指派出席人的会议
	如一些巡回报告会，要按会议的规模印制听讲证，根据需要分发给有关单位，有时还要提出听讲者的条件

5	对与会者有要求的会议
	各种协商会、座谈会、宴会等，对与会者包括特邀代表有一定的要求。多少人出席，请谁参加，要全面考虑

图3-22　确定与会人员范围或名单的方法

（1）凡需报批的会议，要在请示中将开会的理由、会议的议题、会期、地点、参加人数和人员职别、会议经费和准备情况等写清楚。

（2）未批准前不得发会议通知，更不得先开会后报批。

5.通知与会人员参加会议

明确以上事项后，便需通知各与会人员会议的举行日期、地点、会议的简要内容，以便他们及早做准备。如果是比较大型的会议，参加人员来自世界各地，会议前约一个半月便需发会议通知，以便各位与会人员有足够的时间进行工作安排，如签证、边境证的办理等事宜。然后根据会议通知的回执，再次确认与会人员信息。

会议通知的内容必须要清楚。通知应该包括需要说明的全部细节，如图3-23所示。

一些会议如股东会议，在发布通知时应按规定的原则行事。这类通知的措辞必须严格遵循公司的规章。

与会人员平时工作都很忙，尤其是公司的高层领导，三四天甚至一个星期前发的会议通知，他们可能已经记不得了。所以发会议通知时最好抄送与会人员所在部门的文秘，请他们协助提醒与会人员到会，并在会议的前一天再发送会议的提醒通知。

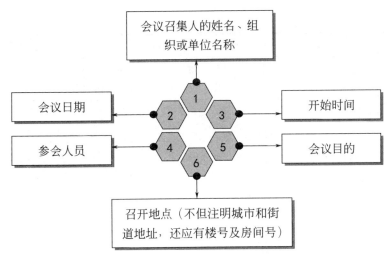

图3-23　会议通知应包含的细节

6.会务人员分工

大型会议的会务人员较多，各组的工作量及性质不同，每个组工作人员做的事情也不一定相同。如果你是会务总协调人，应先制定一份会务分工总表，按整个会议过程的各个关键行为和工作量细分小组，确定各个小组的负责人，并明确每个小组的职责。各个小组根据自己所承担的工作，进一步细分到个人，可制作会务人员分工明细表（表3-4～表3-6）。这样分工明确了，责任也就明确了，遇到事情就知道该由谁来处理。工作人员会前可按事情分工，会中可按地点分工，会后再按事情分工。

表3-4　会务分工安排表

组别	成员	主要职责	备注
迎宾组（礼仪组）	组长： 成员：	负责导引观众入场（引位）、入口礼仪工作、献花+席卡的摆放等	请注意献花时间，主讲嘉宾上场时献花，献花人员应着装整齐
主持组	组长：	会议主持工作（包括会前暖场、正式会议开始的主持工作），负责整个会议的节奏控制、气氛调整等	主持词提前写好，做最充分的准备，且着装整齐
物资组	组长： 成员：	奖品、会议物资、杂志及辅销资料等产品摆放	
影音组	组长： 成员：	负责会议现场话筒、音乐、幻灯的调试和播放，会议灯光的配合，现场照片拍摄和会议摄像等工作	提前准备好要播放的所有材料，准确及时地做好播放工作，照片拍摄需配合专业组人员及时制作软文等宣传资料

组别	成员	主要职责	备注
节目组	组长： 成员：	负责节目的收集和次序的编排，以及会议进行中的催场工作	保证节目表演流畅
公关组 （外事组）	组长： 成员：	会议场地的落实和报备工作，外请老师的接待工作	保证会议准时、安全地进行
监察组	组长： 成员：	负责会议进行中会场秩序的维护，包括：讲话、抽烟、走动、带小孩等人员的管理	保证会议进行中会场的安静和气氛
财务组	组长： 成员：	负责管理会议门票、资料等收入的账目工作	准确无误地记录每场会议的经营情况
导座组	组长： 成员：	负责会议开始前安排参会人员进场入座	保证参会人员进场有序、安全
检票组	组长： 成员：	负责会议开始前参会人员的检票工作	保证参会人员凭票入场
后勤组	组长： 成员：	负责食宿安排工作	保证参会人员吃饭、住宿有序，让与会者满意

表3-5　会务分工总表

阶段	会前	会中	会后	负责人	监控点
会前	预算及备用资金				填写费用申请表
	预订房间及分配				确认到会人数
	订餐				确认用餐形式
	设备、文具（投影仪、传真机、打印机）				
					确认时间和期限
		复印机、复印纸			
		水、食品			确定数量
会中		会议纪要			
会后			进行结算		
			撤会		
			下发会议纪要		
			回收报名资料		

表3-6　会务人员分工明细表

任务	计划完成时间	责任人/联系方式	会务联系人/联系方式	备注	完成情况

7.会务工作监控协调

监控协调非常重要，因而需每天检查和更改会务清单（特别是进展情况一栏），及时准确地了解各项工作的进展情况，实时进行调整。同时，督促各项工作按计划完成，避免会务工作因为各种原因而延误。

另外，一定要对需要各责任人相互配合的工作特别提出，以免一部分工作因拖延而耽误整体工作的进展。

特别提示

会前应制定好会务纪律，并让各会务人员确认自己负责的会务工作内容。只要分工合理，在多项目重叠进行的情况下就不至于出乱。对于大型会务，应预留一个人做突发事件的处理。

8.会务经费预算

分工已经明确了，会务组的工作开始按计划展开，接下来就要制定会务经费预算（表3-7和表3-8），并办理相应的费用借支手续。

表3-7　会务经费预算表

项目		专项费用	单价	数量	小计
展览	展厅设计				
	装修				
	设备费用				
资料	设计				
	印刷				
	发行				
	广告宣传费用				

续表

项目		专项费用	单价	数量	小计
会场	专项费用				
	其他杂费				
食宿	住宿				
	餐饮				
差旅费					
运输费	资料运输				
	设备运输				
服装					
礼品					
旅游					
其他杂费					
总计					

表3-8　大型会议活动经费预算表

会议名称：　　　　　　主办单位：　　　　　　举办日期：　　月　　日～　　月　　日

支出分类		标准说明	金额
组织费	办公费		
	广告宣传费	宣传类型____单价____时间____	
	设备租赁费	物品名____数量____时间____	
	资料费	资料数量____单价____	
	印刷费	印刷数量____单价____	
	差旅费	出差地点____人数____天数____	
	会议场租费	会议地点____人数____天数____	
	专用材料费	名称____数量____单价____	
接待费	住宿费	____人____天，每天____元	
	餐饮费	____人____天，每天____元	
劳务费	演出经费	____人____天，每天____元	
	误工补贴	____人____天，每天____元	
	临时人员经费	____人____天，每天____元	
设备购置费	办公设备购置	型号____数量____单价____	
	专用设备购置	型号____数量____单价____	
	交通设备购置	型号____数量____单价____	
其他费用			
合计			

在制定详细的费用预算时，应对整个会议进行通盘考虑，要细心周到，预估可能发生的每笔费用。如会务组长途电话费、酒水费、纸张费、复印费、临时购买物品的费用等，应留有余地，同时要避免资金浪费。另外，还应考虑借备用金（填写"借支备用金申请表"），作为机动费用。

9.明确会议议程

一切会务工作都必须围绕使会议达到预期的效果这个目的来进行，所以在会前就应该使每一个与会者对会议的各项议程（表3-9）有一个清晰的了解。

表3-9　××公司____年第____次办公会议议程表

时间	年　　月　　日下午			
地点	公司会议室			
主持人				
一、沟通事项（　　分钟）				
二、议题汇报				
序号	议题	提交部门	汇报人	时长
1				
2				
3				
4				
5				
6				
7				
出席				
列席				

（1）在确定会议议程时，应与主办单位领导进行充分的交流和沟通，以得到全面、准确的会议信息。

（2）在确定参会人员、会议日程时，要来回征求多方意见，以获得共同认可。

（3）议程中还应包括相关就餐地点、会议休息时间等安排。

会议议程确定后应交会务组组长及与会领导审批，原则上要求在发出会议通知前确定出会议议程，避免突发性修订。

可以在会议议程后面附上会议须知，会议须知与会议通知不同，它所包含的内容要广得多，图3-24所示的内容都可体现在会议须知上。

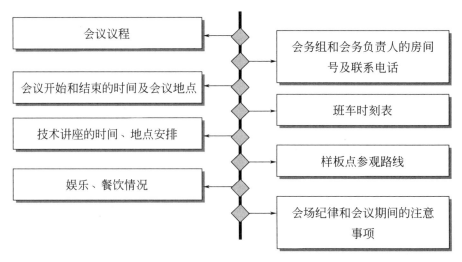

图3-24　会议须知应包含的内容

10.安排住宿

首先应与酒店协调好关系，方便以后工作的开展。与酒店销售部经理协调好关系，在房间等问题上留有一定的余地，在客人突然增加或减少的情况下，可与酒店很好地协商解决。另外，充分利用酒店的资源（如酒店司机、小工、酒店服务生、投影仪器等），就可以省下时间去做其他更紧急、更重要的工作。

在预订酒店时应进行实地考察。要询问好房价、空房数量或会议室的大小，而且一定要亲自去看再确定是否入住。

在安排住宿的时候，不要忘了事先弄清楚与会者的性别，还有同房间的人员搭配也要考虑，并且做好住宿人员登记。

如果是大型展览会，客户进出情况频繁，应做好最新客户名单的跟踪，事前逐个落实实际就餐和住宿的人数。尤其需注意的是，有些与会人员不一定参加所有的会议，有可能只参加第一天的会议，或是只参加第二天的会议，所以要及时与酒店核对，每日填好住房结算表。并且纪律一定要严明，如参会人员不住宿，一定要通知会务组，并确认未到会人员是否已向领导请假，以核定参会人员具体的情况，并通知相关会务人员，以调整住房、餐饮等事项。如果与会人员较多，有必要在会议期间确保有一个专人负责跟踪客户信息，提供最新的客户名单。会议住房登记表见表3-10。

表3-10　会议住房登记表

序号	姓名	性别	省份	单位	职位	手机号码	房间号	入住时间	备注

11. 餐饮安排

会务组一定要确认菜单，这就需要行政经理与餐厅经理加强沟通，每餐的菜谱都仔细过目，并将不合适的菜换掉。在餐前10分钟应再与酒店确认餐饮的准备情况。

12. 车辆调度

（1）制定车辆安排清单，以便能有效、妥善地进行车辆安排。

（2）制定车辆调度规定，向司机传达严格的纪律，并统一由会务组进行车辆的调度（表3-11）。其他人用车必须事前申请，违规者将受到处罚。

表3-11　会务车辆安排表

事项		乘车时间	乘车地点	人员数量	领队	车牌号
确定用车需求	领导接送					
	客户迎接					
	样板点参观					
	送行、游玩					
	紧急调用车					
确定用车来源	公司派车					
	酒店车辆					
	旅游公司车辆					
	当地办事处车辆					

（3）登记所有车辆信息（表3-12），并在会务组内传阅。因为会务期间可能随时有电话找你申请用车，接到此类要求，需要立即在会务车辆用车信息登记表中准确记录好申请人的必要信息。

表3-12　会务车辆用车信息登记表

司机	
联系电话	
车型	
车牌号码	
座位数	
车辆所属单位	
申请人	
联系电话	
用车具体日期、时间	

续表

客人数量及级别	
车辆行驶路线	
确认派车司机	
预计返回时间	
是否已返回	

特别提示

在调度车辆的时候，要与司机确认是否熟悉相关的行驶路线，以充分利用车辆资源，提高车辆的使用效率。

13.会场布置

其实会前所有准备工作当中要数布置会场最为费心，其一是资料数量多，其二是考虑事情要周到。事先要尽可能将会场布置的各方面罗列出来，确定好完成时间，并不断更新准备情况，以保证会场的布置万无一失。

14.做好新闻发布工作

有些重要的、大型的会议，要做好新闻发布工作。这项工作大多由公共关系部门负责，行政经理只需把预先收到的发言者情况（履历或自传的概要等）及其他有关材料转交给该部门即可。若没有这样的机构，行政经理就要起草新闻发布稿，在会前或会后的适当时间发布。

15.进行全面的会前检查

会前检查的重点是会议文件材料的准备、会场布置和安全保卫工作等。大中型重要会议的会前检查还包括警卫部署、票证检验人员的定岗定位、交通指挥及主席台服务人员的安排等。会前检查要求如图3-25所示。

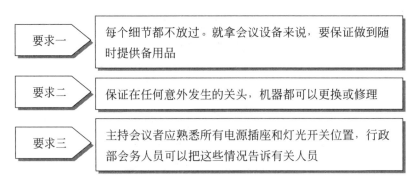

图3-25 会前检查要求

会前检查可通过表3-13和表3-14进行。

表3-13　会务准备进度跟踪表

任务	完成时间	备注	完成情况
会场保密需求		录音设备、指引牌	
确认横幅标语的制作要求，并提出相关要求			
指示牌的制作			
与会人员的姓名确认及座位牌的制作			
电视台及报社采访			
会议桌鲜花摆放			
座椅数量确定		对人员可能的变动做一个相应的安排	
准备文具			
准备水果、饮料			
准备灯光、音响、麦克风、数投、打印机		提前调试	
……			

表3-14　会务工作准备清单

会议名称：　　　　　　　　　　　　　　　会议起止时间：

序号	项目	备注
1	会议日程安排表（会议须知）	
2	费用预算	
3	参加会议人员联系表（手机）	
4	车辆预订	
5	餐饮、住宿	
6	备用金	
7	资料	
8	签到登记表	
9	文具：笔（　）、本（　）、纸（　）、文件夹（　）、胶水（　）、订书机（　）、胶纸（　）、涂改液（　）、胶片（　）、胶片笔（　）、录音机（　）、磁带（　）、电池（　）、电源插座（　）、投影仪（　）、屏幕（　）、教鞭（　）、便携机（　）、传真机（　）、座席卡（　）、工作卡（　）、胸花（　）	
10	饮料	

续表

序号	项目	备注
11	药品	
12	水果	
13	夜宵	
14	纪念品	
15	场地布置	
16	……	……

问题42：如何做好会议期间的管理工作？

会议期间，是行政部工作人员工作最活跃的阶段，也是工作能力受到最严格考验的阶段。这时行政部工作人员的中心任务是：掌握会议动态、协助领导指挥与控制，通过精心的组织和良好的服务，使会议沿着既定的目标进行。

1.检查一切会议资源准备情况

可以根据会议的准备清单再在脑海里演练一下会议的全过程，进行全面的会议资源准备。

2.客人接待

在大型会议中，要接待很多国内外重要的客人，会务人员对客人的一言一行都直接影响企业的形象，所以一定要做好接待工作，具体要求如图3-26所示。

3.会务资料管理

在会务资料较多、较杂的情况下，资料的管理是会务工作的难点，会务人员不仅要分类清楚，而且每天要清晰地掌握资料库存量，具体操作时可以设计一个表格来清晰明了地列出会务资料的详细情况。

在一些大型展览会上，索取资料的人员一般都很多，因此会务组应做到以下几点。

（1）会前需对每种资料了如指掌，以便针对不同的客户发放不同的成套资料，并与展台总负责人商定成套资料的份数及发放小礼品的数量。

（2）会前应统一确定资料发放的原则。

（3）会前应根据发放原则确定出大致的资料数量，重点展览设备及其他设备的资料应区别准备。

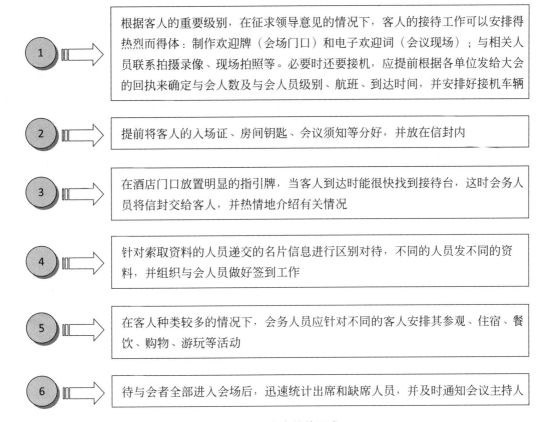

图3-26 客人接待要求

（4）每天清点资料余量，将每天的资料用量清清楚楚地列明，既可把握资料的发放情况，又可知道每天的用量，以便领导了解资料发放的数量及进行合理控制。若发现缺少，则向总部请求支援。

会务资料的详细情况表见表3-15。

表3-15 会务资料的详细情况表

类别	编号	资料名称	总数量	系统部需求量	研讨会需求量	样板点	需求总量	剩余量

4.会议现场的保密管理

做好会议现场的保密工作，应严格执行企业保密规定，严格执行保密纪律，制定一整套的保密措施，如图3-27所示。

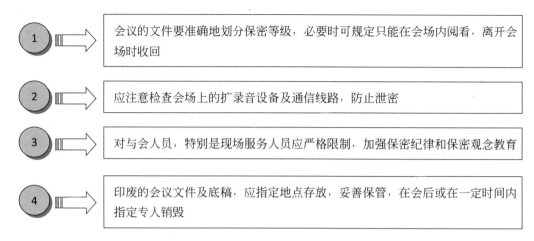

① 会议的文件要准确地划分保密等级，必要时可规定只能在会场内阅看，离开会场时收回

② 应注意检查会场上的扩录音设备及通信线路，防止泄密

③ 对与会人员，特别是现场服务人员应严格限制，加强保密纪律和保密观念教育

④ 印废的会议文件及底稿，应指定地点存放，妥善保管，在会后或在一定时间内指定专人销毁

图 3-27　会议保密措施

特别提示

　　如果所开的会议是机密会议，比如产品鉴定会，其内容属于公司的研发机密，会议的保密工作就显得十分重要。

5.费用管理

在大型会议中，费用发生频繁而且金额很大，所以财务人员需认真对待。

（1）提前做一个会务费用接收清单（表3-16）。

（2）每次会务人员报销时，财务人员都应填好会务费用接收清单，请会务人员写明费用明细清单、粘贴好后，再审核清点一下。

（3）双方在会务费用接收清单上要签字确认。

同时要认真核查、清理以下内容。

（1）每张发票要核对好，并仔细辨认真伪，做到日清日结。

（2）每天一定要清理账务，录入计算机，否则费用累积下来，最后无法说清楚每笔钱的去向。

（3）大笔的费用经相关领导同意才能给予报销或暂借。

表3-16　会务费用接收清单

日期	送单人	费用说明	金额	审批人	接受人

6.议程跟踪

（1）议程跟踪主要由会务组组长负责，要保证将议程的变动及时通知到每一个与会人员。

（2）对于自己无法处理的事，要及时上报到会议总协调处，并随时听取参会人员的意见和问题，随即分类，该反馈的及时反馈，该转告的及时请示领导及相关人员。

（3）记录会议期间的电话、传真，要区分信息的轻重缓急，及时处理，以保证各类信息的及时传递。

（4）会议中要随时注意各人员的意向，看他们有何要求，看会议是否需要临时做调整，进程是否需要修改等。

7.编写会议记录与会议简报

会议记录（表3-17和表3-18）是会议内容和过程的真实凭证，在各种会议上做记录是行政部人员最重要的工作之一。

（1）记录的措辞要符合实际、简明扼要，不能有记录人的见解和评论，必要时可使用录音笔先录下，以免做记录时有所遗漏。

（2）会议简报是会议期间编印的关于会议进行情况的简要报道，内容包括代表们在讨论中提出的意见、建议和会议决定的事项等。

表3-17　会议记录（一）

1.会议名称：
2.时间：
3.主持人：
4.参加人员及人数：
5.主持人报告：
6.例行报告：
7.讨论事项及结论：

表 3-18　会 议 记 录 （二）

1.开会时间：　　年　　月　　日　　时　　分至　　时　　分	
2.开会地点：	
3.会议名称：	
4.主持人：	
5.参加人员：	
6.出席人员：	
7.主持人报告：	
8.讨论事项及结论：	

8.会议的新闻报道

会议或因参加人员多，或因社会影响大，或因研究、讨论的问题很重要，常常被新闻界所关注。

重要会议的新闻报道可视情况采取请记者参加会议、召开新闻发布会、发表新闻公报等方式。会议的报道程度取决于会议的重要性及开放程度。行政部人员应根据会议的纪律、规定和会议主持人的指示帮助记者做好新闻报道。

9.会议宣传

会议宣传的主体是会议的组织者、主持者及与会人员，他们通过报纸、电台、广播、文娱节目、宣传画、标语口号等，主动讲解会议的意义、会议决定的重大事项、会议取得的成果，使广大群众了解、理解、支持会议和会议所做出的各项决定、决议。会议宣传可视需要在会前做、会中做或会后做。

10.会议参观

会议参观有图3-28所示的两种形式。

无论哪一种参观，都应认真组织，选好参观地点和参观内容，调度好必要的车辆，参观人数较多时，还应做好分组编队工作；有些会议参观，还应配备好的翻译讲解人员。前一种参观，因是会议的一个重要组成部分，更应精心组织。

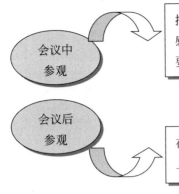

会议中参观　把会议参观作为会议的主要内容，以增加与会人员的感性认识。这种参观多在现场会一类的会议上出现，要占会议相当一部分时间。这种参观是会议所必需的

会议后参观　在会议之余组织参观，这种参观多在会期较长的会议上安排，是调节与会人员紧张生活的一种方式

图3-28　会议参观的形式

11.会议文体活动

会议文体活动的目的是调节与会人员的生活，使与会人员有张有弛、有劳有逸、精神愉快地开好会议。会期越长，文体活动应越丰富，以活跃会议气氛。而且应就近安排观看一些电影、戏剧、曲艺等，有条件的会议，可以组织专场演出或放映专场电影，还可举办舞会等，以增进与会人员之间的感情。安排文体活动，应尽量与会议的主题结合起来。

12.突发性事件处理

一个良好的汇报机制，是突发事件能得到及时处理的基础，在会务人员分工时就应考虑安排人员进行突发性事件的处理，做到人员及时补位。会务组成员如有必要可每日定时召开例会，由各成员总结当天的工作。突发性事件也许在一些人眼中只是小问题，但有经验的人听来，就会立刻发现其可能造成的严重后果，从而能及早地预防。一旦意外事件发生，首先要做的就是尽快通知相关责任人，并立刻调动各项内外部资源，做好会议议程及相关资料的调整，及时通知与会人员；对于无法处理或会务人员无权做决定的突发事件，应及时汇报至会议总协调处。

问题43：如何做好会后管理工作?

会议结束了，并不是说会务工作就随之结束了，对于行政部会务工作人员而言，还有许多工作要做，具体如图3-29所示。

1.会场检查

会议结束后，首先要检查会场。

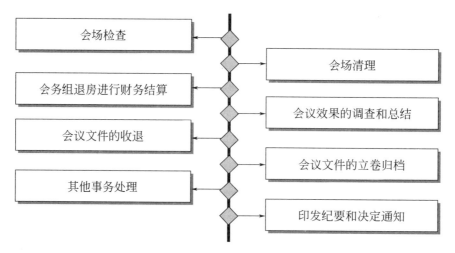

图3-29　会后管理工作

会开完了，应进行退场检查，也就是按设备清单核准会务组携带的仪器是否齐全，相关会议资料有无遗漏，然后回收剩余的文件、资料、文具、礼品，收存会议所用仪器、设备，可以根据会议准备清单的内容检查一遍。

2.会场清理

会议结束后，应清除会场留存的各种会议标志。会议期间必须及时清理所有资料，严格遵守保密规定，确保公司信息的安全。还应对使用完毕的物品进行及时清理并归还到相关部门。

3.会务组退房进行财务结算

行政部在会议结束后应按公司的财务规定，办理退房，及时处理账务票据，结算会议相关费用（表3-19）。

表3-19　会议住房结算表

日期	房间类别	申请房间号	退房号	实际使用数量	金额结算	确认

4.会议效果的调查和总结

会议结束后，会务组成员应进行会议满意度调查，认真分析调查结果，汇总会务工作存在的问题和改进建议，撰写会务总结。会务总结应特别指明本次会务工作的关键要素、可资借鉴的地方、各个不尽如人意的环节、改进意见等。

5.会议文件的收退

会议文件的收退也称会议文件的清退。通常指重要会议的与会人员在会议结束时，根据规定将会议上发的文件清理并退回会议行政部会务组。此项工作主要在机密程度较高的会议结束时或会议结束后做。会议文件收退工作程序如下。

（1）向会议主席团或主持人汇报发文情况，提出收退文件建议。

（2）待主席团或会议主持人批准后，下发收退文件目录，并做必要的解释工作。

（3）会议结束后进行清退，清退要逐份清点、登记，发现丢失的应查清原因，及时向领导报告。

6.会议文件的立卷归档

会议文件的立卷归档，是指会议结束后依据会议文件的内在联系对会议文件加以整理，归入档案。

（1）会议文件立卷归档的原则是一会一卷，其目的是便于日后查找利用。

（2）对会议所有材料的形成、使用，都要加以注意，包括领导决定开会的批示、会议通知、会议名单，会议主要文件的历次修改稿，会议的议题、日程和安排，会议的各种文件、各种发言材料、各种记录、简报、快报、会议纪要、会议总结等。

特别提示

对印刷下发的材料要留有一定的备份，对会议主要文件的历次修改稿、会议纪要的修改稿应注意跟踪，会议一结束，马上按立卷要求收回。

7.其他事务处理

（1）送别与会人员。会务人员要预先登记与会人员的返回日期和乘坐的交通工具，以便帮他们代购飞机票或车船票，使他们在会议结束后及时踏上归程。个别需暂留的，要安排好食宿。

（2）处理遗忘物品。对于与会人员遗忘的物品，要尽快与失主取得联系，及早送还。若距离遥远，可利用邮包寄送。

（3）寄感谢信。对给予会议帮助的有关人士，要及时寄感谢信表示谢意，措辞要热情诚恳。

（4）打印会议记录，打印前要送会议主持人审查，审查通过后要精心编排，打印时必须准确。

（5）有时还要草拟会议纪要，整理议案，写汇报材料。

8.印发纪要和决办通知

为了完整准确地传达和贯彻会议精神，使会议决定的事项得到认真落实，日常工作会议之后，一般都应印发会议纪要和会议决办通知。会议纪要的印发范围应根据纪要内容确定。

（1）绝密级的会议纪要只印发给与会领导。

（2）一般会议纪要可印发给参加会议人员，并视情况决定是否发给涉及的部门。

（3）有些会议保密性强，不需涉及部门知道其全部内容，只需他们知道有关会议决定的事项。印发会议决定事项的通知，即决办通知。

（4）会议纪要、决办通知都要标明密级，进行编号。

问题44：如何控制会议成本?

控制会议成本的措施如图3-30所示。

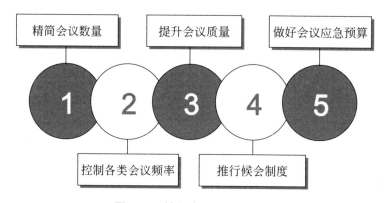

图3-30　控制会议成本的措施

1.精简会议数量

降低会议成本的一个有效方法就是控制会议的数量。

在实际工作中，企业因客观需要，可以利用召开会议的方式推进工作，但不能只依靠召开会议这一种工作方式去完成所有工作，以免造成人力、物力、财力和时间等的浪费，降低工作效率。

2.控制各类会议频率

企业还可以采用控制会议频率的方式来控制会议成本，如每月只召开一次固定的部门会议，每半年召开一次全体会议，要避免频繁召开处理突发事件的会议，但可以随时召开一对一的会议。

3.提升会议质量

会议质量是指会议效果的好坏。要使会议取得良好效果，行政经理必须对会议质量实施控制。如果会议的召开没有达到预期效果，那么就会造成浪费，从而增加成本，因此保证会议质量也是控制成本的方法之一。

影响会议质量的因素如下所述。

（1）是否具有召开会议的必要。

（2）会议准备是否充分。

（3）会议期间能否排除各种干扰（打电话、找人、无关人员入场、与会者退场等）。

（4）主持人和与会人员的学识、业务水平、工作作风等如何。

（5）环境卫生条件如何（包括房间大小、室内温湿度高低、光线好坏、空气流动情况、安静程度等）。

（6）技术与设备条件如何。

（7）议程是否科学合理。

（8）对会议决议的执行是否实施有效的监督等。

行政经理要针对上述所列影响会议质量的相关因素，采取相应措施来控制会议质量，具体如图3-31所示。

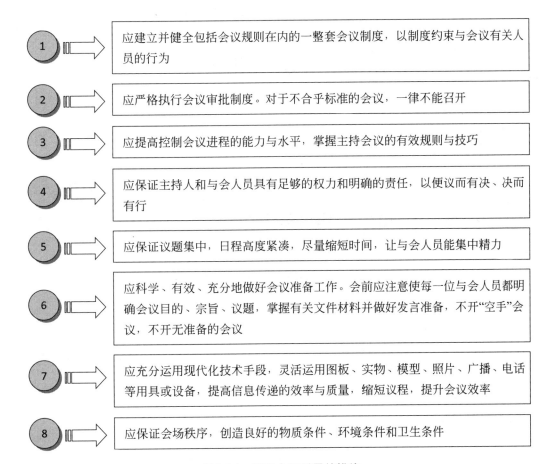

1 应建立并健全包括会议规则在内的一整套会议制度，以制度约束与会议有关人员的行为

2 应严格执行会议审批制度。对于不合乎标准的会议，一律不能召开

3 应提高控制会议进程的能力与水平，掌握主持会议的有效规则与技巧

4 应保证主持人和与会人员具有足够的权力和明确的责任，以便议而有决、决而有行

5 应保证议题集中，日程高度紧凑，尽量缩短时间，让与会人员能集中精力

6 应科学、有效、充分地做好会议准备工作。会前应注意使每一位与会人员都明确会议目的、宗旨、议题，掌握有关文件材料并做好发言准备，不开"空手"会议，不开无准备的会议

7 应充分运用现代化技术手段，灵活运用图板、实物、模型、照片、广播、电话等用具或设备，提高信息传递的效率与质量，缩短议程，提升会议效率

8 应保证会场秩序，创造良好的物质条件、环境条件和卫生条件

图3-31 提升会议质量的措施

4.推行候会制度

候会制度是指允许一部分人员只参加会议的一部分，具体是指根据会议议题的需要，召集有关人员前来参加会议并发表意见，当该项议题讨论完毕之后，这部分人员即可退出会议。采用候会制度，可以有效节约人力成本，避免浪费时间。

参加会议的人数越多，充分利用与会人员个人智慧、使与会人员达成统一意见的可能性就越小。如何根据会议的不同形式和内容确定参加会议人员的数目，是每一位行政经理都应认真对待的问题。

5.做好会议应急预算

对于一些规模较大的会议，行政经理应留出一部分预算以应对紧急情况。

行政经理最好制作一个费用预算表，把应急预算填入表中，如果与会人数或固定成本发生变化，那么可以对整个预算进行修改。

第四周　值班工作管理

为保证企业工作的连续性及应急事件的及时处理，往往在节假日及晚上安排员工进行值班，这项工作统一由行政部来管理。

问题45：值班人员的工作职责是什么？

规模较大的企业，可在行政办公室下设值班室，并配备专职值班人员，实行24小时昼夜值班制，其工作职责主要有以下几个方面。

1.承办上级主管部门交办的事项

主要工作包括以下内容。

（1）传达有关主管部门对某一问题的指示意见。

（2）督促检查对上级主管部门指示的落实情况。

（3）通知、落实主管部门向职能部门临时交办的事项。

（4）向主管部门询问有关问题。

（5）传达临时性的会议通知。

（6）委托、通知有关部门接送客人等。

2.处理各种紧急问题

值班室在正常工作时间主要起信息传递的作用，而在公司员工下班后，则要直接担负起处理各种急电、紧急文件和突发事件的责任。值班人员处理紧急电文和事件的要求如图3-32所示。

图3-32　值班人员处理紧急电文和事件的要求

3.负责信息传递

值班室每天都要收到大量的电话、电报和信函。有来自上级主管部门的指示，对某项工作的布置，对某一问题的查询及会议通知；有来自平行部门的协商函；有来自下属公司的请示、报告或查询某项指示或文件等。

（1）值班人员在接到这些信息后，要立即做好记录。

（2）根据内容的紧急程度，送有关主管部门审阅。

（3）经有关主管部门或领导批示后，值班人员要立即通知有关部门或人员办理。

问题46：值班工作要求有哪些？

值班工作任务重，内容多，接触面广，对值班人员的素质要求很高。值班人员必须做到图3-33所示的几点。

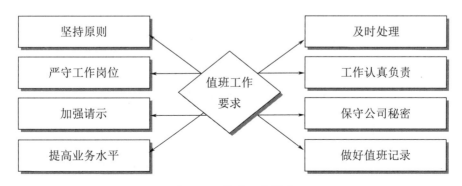

图3-33　值班工作要求

1.坚持原则

值班室日常担负的大多是与公司领导相关的工作，值班人员在工作过程中，必须严格遵循各项制度、规章和程序。如处理突发性事件，既要及时请示、报告，又要当机立断，不贻误时机；接待来人，既要热情、诚恳，又要区别情况，不能随意安排外人与公司领导会见。

2.及时处理

值班室承办的工作，一般时间性都很强，随交随办，不能拖拉和延误。如处理突发性事件，必须迅速反应，刻不容缓。

3.严守工作岗位

值班人员应忠于职守，工作时间要坚守岗位，不能擅离职守、私自外出，不能邀外人进入值班室闲坐、嬉闹。因事必须外出时，应经行政经理同意并指派人员代替值班。

4.工作认真负责

值班人员应有强烈的工作责任心，对承办的各项工作，要认真负责、一丝不苟地加以处理。无论是来函、来电，还是上级主管部门交办的事项，值班人员都要把一切内容弄清楚，处理时做到及时、准确，事事都有结果。接待外来人员既要坚持原则，严格按公司规章制度和领导的指示行事，又要态度热情、诚恳、平等待人。

5.加强请示

值班人员的工作内容广泛，许多问题事关大局，不能有盲目性和随意性，应加强请示，严格遵循工作程序。行政经理负责对值班工作进行检查、监督，以免造成疏漏或失误。

6.保守公司秘密

值班人员在传达公司领导的批示、指示、决定、通知，接待外来人员，处理突发性事件以及与人闲谈中，要严守公司机密。处理有保密内容的事项时，要严格按规定办理。有保密内容的文件、指示、值班记录等，不能随处乱放，严防失密、泄密的现象发生。

7.提高业务水平

值班人员的工作内容和工作时间具有特殊性，平时应自觉学习办文、办事的工作制度、程序和办法，不断提高业务水平和实际办事能力。

8.做好值班记录

值班人员办理的一切事项，都要将始末详细记录在专用的值班记录本上，内容要规范（表3-20）。本班内没办完的，除在记录中写清楚外，还要向下一班值班人员做出明确的交代。

表3-20 值班接待记录表

来访人姓名		来访人单位	
接待时间	___年___月___日___时___分至___年___月___日___时___分		
内容摘要：			
拟办意见：			
主管意见：			
处理结果： 值班人签字：			

问题47：如何制定值班管理制度？

为了规范对值班工作的管理，行政部有必要根据企业的实际情况制定值班管理制度来明确值班工作的内容、纪律及要求。

下面提供一份某公司值班管理制度的范本，仅供参考。

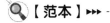 【范本】▶▶▶ ---

企业值班管理制度

第一条 本企业于节假日及工作时间外应办的一切事务，除由主管人员在各自职责内负责外，应另派员工值班处理。

1.临时发生的事件及各项必要措施。

2.指挥监督保安人员及值勤工人。

3. 预防灾害、盗窃及其他危急事项。

4. 随时注意清洁卫生、安全防范与公务保密。

5. 企业交办的各项事宜。

第二条　本企业员工值班时间规定如下。

1. 自星期一至星期六每日下午下班时起至次日上午上班时止。

2. 例假日：日班8:00～17:00；夜班17:00起至次日8:00止。

第三条　员工值班安排表由各部门编排，于上月月底公布并通知值班人员按要求值班。并设置值日牌，写明值班员工的姓名，悬挂于明显地方。

第四条　值班员工应按照规定时间在指定场所连续执行任务，不得中途停歇或随意外出，并在本企业内指定的地方食宿。

第五条　值班员工遇有事情发生可先行处理，事后报告。如遇其职权不能处理的事情，应立即通报并请示上司。

第六条　值班员工收到电文应依下列方式处理。

1. 属于职权范围内的可即时处理。

2. 非职权所及，视其性质应立即联系有关部门主管处理。

3. 对密件或限时信件应立即原封保管，于上班时呈送有关上司。

第七条　值班员工应将值班时所处理的事项填写在报告表中，于交班后送主管转呈检查，报告表另定。

第八条　值班员工如遇紧急事件处理得当，使企业减少损失，企业视其情节给予嘉奖。

第九条　对于值班员工在值班时间内擅离职守，应给予记大过处分，因情节严重造成损失的，从重论处。

第十条　值班员工因病或其他原因不能值班的，应先行请假，或经领导批准后其他员工代理，出差时亦同，代理者应负一切责任。

第十一条　本企业员工值班可领取值班津贴，其标准另定。

第十二条　本制度解释权归行政部。

第十三条　本制度从公布之日起执行。

问题48：如何安排值班工作？

值班工作一般是在行政经理的领导下，由行政人员具体安排如制定值班表，包括下班以后或节假日值班人员安排。

（1）值班表一般包括值班日期及地点、领班人及电话、值班人、值班任务、注意事项等。

（2）值班安排好以后，通知有关部门及人员，将值班表发给每位领班人及值班人员，让其做好准备。

一周值班安排表见表3-21。月份值班表见表3-22。

表3-21　一周值班安排表

部门	星期日		星期一		星期二		星期三		星期四		星期五		星期六	
	月　日		月　日		月　日		月　日		月　日		月　日		月　日	

制表：　　　　　　　　　　　　　　　　　审核：

表3-22　月份值班表

周次	日期	值班人员		值班电话
		带班领导	值班人	

注：白班时间为9:00～20:00，晚班时间为20:00～次日9:00。以上值班人员必须认真负责，做好公司的安全保卫工作，接听重要电话后必须进行登记并及时报告相关领导。

问题49：如何做好值班记录？

企业应要求值班人员认真做好值班记录，以备存查及据此安排有关事宜。

1.建立值班日志

值班日志以天为单位，记录值班中遇到的情况和工作经历。

（1）值班日志的内容一般包括值班期间的来人、来电、来函、领导批示、领导交办的事项、值班人员办理的事项等。

（2）值班日志应有利于下一班值班人员了解情况，保持上下班工作的连续性；有利于领导了解、检查、考核值班工作；有利于为编写情况汇报、工作简报、大事记等提供参考资料。

值班日志表见表3-23 ～表3-25。

表3-23　值班日志表——员工外出登记

姓名	职位或部门	工作证号	欲往何处	事由	携出物品	离开时间	返回时间	备注

表3-24　值班日志表——进厂货品登记

送货单位	姓名	运货车辆		货品名称	单位	数量	收货部门	收货（验货人）	进入时间	离开时间	核对	备注
		车种	车号									

表3-25　值班日志表——来宾登记

____年____月____日（天气：_____）

姓名	证件号码	所属部门	车牌号	接洽人员/部门	事由	到来时间	离开时间	备注

2.做好请示汇报工作

值班期间发生重大情况或突发事件，值班人员要立即向领导报告，必要时可形成书面值班报告呈送有关领导。

（1）对把握不准的其他问题也要请示领导，不得擅自越权处理。

（2）通常请示汇报表包括报告事项，来人、来电、来函单位，时间，来人姓名、职务、电话，内容摘要，拟办意见，领导批示，处理结果，报告单位等内容。

（3）领导批示后，值班人员按领导意见办理。

3.做好来宾登记

（1）无论是办公时间或生产时间，还是非办公时间或非生产时间，对来公司的外来人员及其乘坐的车辆、携带的物品，都要认真办理登记手续（表3-26）。

（2）登记可以由进出人员自己办理，也可由值班人员代为登记。

表3-26　来宾出入登记表

来宾姓名		同行人数		来宾单位	
联系电话		车别	□轿车　□货车　□客车		
进入时车辆	□载本公司货品　□载其他公司货品　□空车				
进出事由	□交货　□提货　□参观　□私事拜访　□其他				
来宾自备工具、物品	□没有　□有（请另填来宾自备工具、物品清单）				
接洽人姓名： 部门： 签章：	进入时间：＿＿＿＿时＿＿＿分 离开时间：＿＿＿＿时＿＿＿分			值班人 签章	

4.做好电话记录

电话是值班室使用最频繁的对外联系工具。举办各种重大活动，召开重要会议，邀请领导出席活动或会议，以及值班室反映情况、联系事情等，大多数是用电话向有关人员通知的。通话要简明、扼要、口语化，避免或尽量少用同音字、怪僻字。在通话过程中若要做必要解释，说完后要向对方复述一遍，以便确认。记录电话内容及处理情况，要用统一格式的专用记录表（表3-27），值班人员应认真准确地记录。

表3-27　值班电话记录表

来电单位		发话人姓名	
来电单位电话号码		值班接话人姓名	
通话内容摘要：			

主管意见：
处理结果：
值班人签字：

  处理值班电话是值班室最主要的工作，值班电话处理及时与否，直接影响企业的形象。因此，值班人员在处理值班电话时，要有高度的责任心，具体地说要有"三心"，即耐心、热心、恒心。

第四个月

财产物资管理

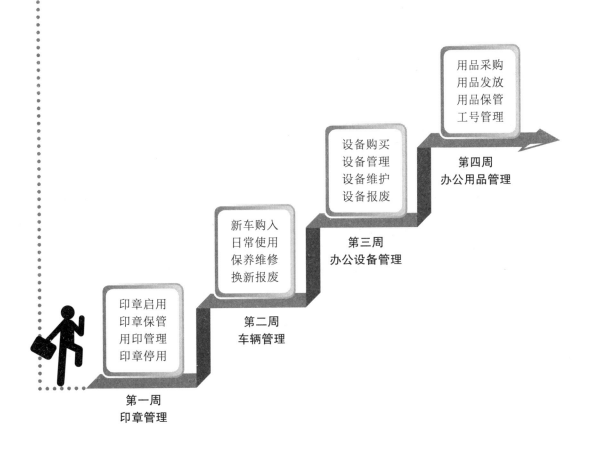

用品采购
用品发放
用品保管
工号管理

第四周
办公用品管理

设备购买
设备管理
设备维护
设备报废

第三周
办公设备管理

新车购入
日常使用
保养维修
换新报废

第二周
车辆管理

印章启用
印章保管
用印管理
印章停用

第一周
印章管理

第一周　印章管理

印章是代表企业权力、职责的凭据。相关人员在文书上加盖印章，标志着文书生效和对文书负责。印章虽小，但它在文件上盖上印记后，就具有法律效力，所涉及的利益影响是巨大的。因此，行政经理要管理好企业的印章。

问题50：企业印章分哪几类？

企业在行政管理活动中常使用的印章主要有以下三种。

（1）自企业成立之日起，由上级主管部门颁发的机构全称公章或钢印，此种印章证明该企业合法存在。文书、证件等一旦盖上企业公章，即表示已被企业认可，正式生效。

（2）企业领导的签名或图章。这类印章代表了企业领导人的身份，同样具有权威性。

（3）企业行政办公部门印章。这种印章一般只在企业内部使用。

印章的种类如表4-1所示。

表4-1　印章的种类

序号	种类	具体说明
1	印鉴	印鉴指的是公司向主管机关登记的公司印章或指定业务专用的公司印章。印鉴可以分为刻有公司全称的公司名印、分公司名印等，一般用于较为重要的文件或表格，特别是在对外使用时，可作为公司法人的标志之一
2	职章	职章指的是刻有董事长、各公司总经理名衔及职别的印章。根据具体职衔的不同，职章主要包括董事经理职章、董事副经理职章、常务董事职章、董事职章、监事职章等
3	职衔签字章	职衔签字章指的是刻有各公司中层以上主管职衔及签名的印章。职衔签字章是在职务印章的基础上加上使用者签名的印章，也是企业强化责任制的标志之一
4	部门印章	部门印章指的是刻有公司及部门名衔的印章。根据公司具体的组织结构，部门印章包括总务部印章、物资部印章、财务部收据专用印章、财务部申请专用印章及其他不同部门的印章等
5	校对章、骑缝章、附件章	这几种印章指的是刻有公司名衔和"校对章""骑缝章""附件章"等字样的印章

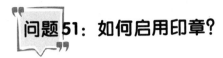

问题51：如何启用印章?

1. 刻制

印章的刻制是印章管理工作的一个重要环节。刻章单位无论刻制哪一级单位的印章，都要审核确认上级单位批准成立该单位的正式公文。

在刻制印章前，企业或部门必须填写印章刻制申请表（表4-2），开具公函，并写明印章的名称、式样和规格；待上级单位批准后，到企业所在地的公安部门办理登记手续。企业必须在持有公安部门颁发的特种行业营业执照的刻章单位制作印章。

表4-2　印章刻制申请表

编号：　　　　　　　　　　　　　　　　　　　日期：　　　年　　　月　　　日

申请部门		印章名		申请人	
资料名称				份数	
申请事由：					
部门主管意见： ___年___月___日	行政部经理意见： ___年___月___日		总经理意见： ___年___月___日	董事长意见： ___年___月___日	

制表人：　　　　　　　　　　　　　　审核人：

特别提示

在印章刻制的过程中，所有人员都要严格保密。承担印章刻制工作的单位和刻字者一律不许留样和仿制，企业不许自行刻制企业的印章。

---

2. 启用

在确定了印章启用时间后，企业应向相关单位发出正式启用印章的通知，注明正式启用日期，并附上印模，同时报上级单位备案。

颁发机关和使用机关都要将印章启用材料和印模立卷归案，永久保存。在启用之前，印章是无效的，只有在启用后，印章才能使用。

问题52：如何保管印章?

1.选择好印章放置的地方

一般放在企业的机要室或办公室较好。若企业不设机要室或办公室，则应指定专人负责印章保管，并存柜加锁。

2.选择好管理印章的人员

行政经理在选择印章保管人员时，应挑选责任心强、保密观念强、敢于坚持原则的人员，并与之签订印章保管委托书，以明确保管责任。

3.建立严密的制度

（1）要建立印章保管登记册，载明印章、印文、印模和保管人姓名等事项。

（2）对印章保管人员应该明确责任，保证印章的正常使用和绝对安全，防止印章被滥用或盗用。

（3）按保密要求，印章保管人员不得委托他人代取代用。

（4）保管印章要牢固加锁，防止被盗。用完印章后要随手锁好，不能图省事而将印章随意放置在办公室桌上或敞开保管柜。对于印章被盗用而产生的后果，保管人员应该负有法律上的责任。

（5）一旦发现保管的印章有异常情况或丢失，应该保护现场，报告领导，查明情况，及时处理。必要时，应该报告公安机关协助查找。

（6）印章保管人员还要注意保养印章，及时进行清洗，以确保盖印时清晰。印章使用的时间一长，表面就会被印泥渣子糊住，使盖印的字迹不清楚，难以辨认。保管人员可以先把印章浸湿，擦上肥皂或洗衣粉，再用小刷子或旧牙刷反复在清水中刷洗，这样就可除去印泥渣子。

问题53：用印如何管理?

使用印章时要十分谨慎，每次用印都要履行批准手续，并进行登记。印章管理者在使用印章时应做到以下几点。

1.检查批准用印的签字

用印时，首先应检查是否有相关负责人批准用印的签字。原则上，企业都制定了有关用印的规定，用印应由企业的有关负责人批准。但是，有的企业为避免管理者陷入一般性行政事务，对一些不涉及重大问题的事项用印，如开具一般性证明等，往往将权力下放给办公室负责人或印章管理人员。但这也有一定的规定范围，超出范围的用印，仍应请示管理者批准。

2.审阅、了解用印内容

要求印章管理者不能不看内容就盲目盖印。同时，还要检查留存材料是否齐全。一般用印要保留的材料如下。

（1）一般信件应保留管理者签批的草稿。

（2）协议书、合同应保留一份文本。

（3）荣誉证书等各类证书要附有颁发文件或领导人批准的书面材料、名册及证书的样本。要逐一核对证书与名册的姓名是否相符，并清点证书数量与名册的人数是否相同。

（4）如果实在没有留存材料，则要详细地记载用印情况。这主要有两种情况：一种情况是，管理者在某份文字材料或文件上签注了意见，需加盖公章，这时应详细登记，注明何人在什么文件上签注了什么意见，发往何处等。另一种情况是，为了证明某人为某企业员工，如在汇款单上加盖公章。这种用印虽然不用留底，但也应进行登记，不能随便拿来就盖。因为加盖公章后就有了凭信作用，是要对此负责的。

3.用印登记

每次用印都应进行登记。登记项目包括：用印日期、编号、内容摘要、批准人、用印单位、承办人、监印人、用印数以及留存材料等（表4-3）。

除了机关单位的介绍信有存根，发文有发文登记簿而不用登记外，其他用印，无论大事或小事，都应进行登记。

表4-3　用印登记表

签批单编号	用印日期	用印内容	所用印章	盖章数量	承办人	部门负责人

4.盖印

对公文、函件经过上述审查、登记以后，即可按要求加盖印章。

（1）盖章时精神要集中，用力要均匀，使盖出的印章端正、清晰、美观，便于识别。印章文字不能盖歪或盖得颠倒。

（2）以企业名义发出的公文、函件必须加盖企业的印章。企业的正式公文只在文末落款处盖章。带有存根的介绍信、证明信或公函等要在两处盖章，一处盖在落款处，一处盖在公函连接线上。

（3）盖出的印章应端正、清晰，切忌重印（因为第一次痕迹不够明显，再盖一次）。正式公文在文末落款处盖章，带存根的介绍信必须在文尾和骑缝处两个地方盖印。凡是在落款处加盖印章的，都要端正盖在成文日期的上方，并做到上不压正文，下不压成文日期。

（4）大批量印发的带有固定版头的企业文件，可以加盖企业印章。

5.整理留存材料

把用印留存的材料进行编号整理，其中具有参考价值的，要在年终整理立卷时归档保存。

6.印章使用的地点

要在办公室内使用印章。一般不能将印章携带出企业以外。印章不能脱离印章管理者的监督。在一般印刷厂套印有企业印章的文件时，应有印章管理人员在现场监印。

7.不允许盖空白凭证

印章管理者不得在空白凭证上盖章，因为他们对印章使用的后果要负有责任，因而，对于一切用印情况都应该具体掌握。

但在某些特殊情况下，需做特殊处理。比如，有的业务部门以企业的名义颁发凭证，需要事先加盖单位的印章或套印，然后填发。在这种情况下，就应按以下要求进行处理。

（1）要有企业管理者的特别批准。

（2）此类凭证要有指明用途的特定格式，除了这种指定的用途以外，不能再用作别的凭证。

（3）此类凭证要逐页编号，最好将它装订成册，并留有存根。

（4）印章管理者对于此类凭证只进行宏观上的管理，即只办理领取登记的手续。登记的项目包括：凭证名称、起止号码、张数、领取人签名等。

（5）此类凭证的具体管理，应由领用部门负责。领用部门要派专人负责管理，填发时应履行批准手续。

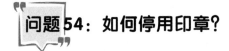

问题54：如何停用印章？

在企业名称变更、企业撤销、式样改变或出现其他原因时，企业印章停止使用。

1.印章停用后的善后工作

应该按照上级规定及领导的指示，认真负责地做好印章停用后的善后工作，具体要求如图4-1所示。

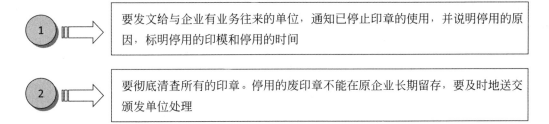

图4-1　印章停用后的善后工作

2.作废旧章的处理

当旧印章停用或作废并启用新印章时，行政部要发布"旧章作废、启用新章"的通知。作废的旧印章用红色印泥印在"印模栏"内，启用的新印章用蓝色印泥印在"方框栏"内，表示刚刚启用。

按规定，旧印章停用后，便失去了原有的法人标志，不能作为现行企业职权和活动的凭证。当必须使用原企业名称时，也应使用新印章，不能使用旧印章。但相关人员可到公证处进行公证，公证"××单位"就是"原××单位"。这样做既遵守了印章使用制度，又可顺利开展工作。

3.旧印章的存档和销毁

旧印章停用后，行政经理应清查全部印章，并把清查结果报告企业领导，请领导审定旧印章的处理办法。根据领导的批示，行政经理应将旧印章或者上缴颁发机构切角封存；或者由印章作废单位填制作废印章卡片，连同作废印章一起交给当地档案馆（室）立卷备查，并将作废印章予以销毁；或者由本企业自行销毁。

在销毁废旧印章时，行政经理必须报请企业领导批准，销毁时要由主管印章的人员监销。行政经理要登记所有销毁的废旧印章，并将印模保存起来，以备日后参考。

第二周　车辆管理

车辆（汽车）是现代企业经营中不可缺少的交通工具，但经营活动中的车辆，如同"会走的凶器"一般，如果企业大意使用，或不知如何善用车辆，将会导致意外或灾害发生，而这又将成为企业发展的障碍。为防止事故发生，日常必须严格实施车辆管理。

问题55：如何做好车辆的购入管理？

车辆属于企业的固定资产，购买时要遵从企业的固定资产购买计划。

另外，由于购入固定资产前，必须进行慎重的选择和处理。因此在购买车辆时，必须进行市场调查，选择最适合的。

1.订购车辆

供应商（厂牌）和车型的选定以及购入金额的确定等都是购入工作的一部分。

关于供应商的选定，如果有公司过去购入车辆的记录，可查看这些有来往的厂商。但现今车辆销售竞争很激烈，在购入之前应该多参观几家企业，再决定购入的车辆。

在确定车型后要与厂商交涉价格及附带条件，并签订契约书。

2.交接车辆

（1）在交接车辆时，除听取操作说明外，还要实施行驶测试。

（2）交接车辆时必须仔细检查车体，如外部是否有划痕、凹凸不平，否则在日后出现纠纷的情形可能会较多。另外，此时也应确认附属用品的内容。

（3）结束通盘检查后，检校车台号码（车辆制造号码）以及行车执照号码和汽车检查证明、引擎号码（将引擎盖子打开后可以看到，若看不到，可以询问交车的营业员）。

3.办理企业车辆保险

（1）在购入车辆时，相关人员要为车辆办理交强险及商业险。

（2）有关保险金额，依汽车损害赔偿责任保险法规的规定而定。

4.交车后的管理

交车后的管理措施如图4-2所示。

1 ➡	依汽车行车执照以及买卖合约设立车辆管理卡
2 ➡	将车辆交给使用部门时，应将车辆管理卡（表4-4）的复印件和汽车行车执照一并移交，车辆由使用部门负责
3 ➡	交车时受领者在送货单上签字，并将申请用款单送交财务部办理付款
4 ➡	编制支出或转账支票付款时，以固定资产——交通（或运输）设备科目处理
5 ➡	交车后大约一个月或行驶距离约 5000 千米时，向主管部门报告有关车辆是否有不良或缺陷

图4-2　交车后的管理措施

表4-4　车辆（交通设备）管理卡

编号：　　　　　　　　　　　___年___月___日

车辆登记号码	车辆名称及型号	车辆制造号码		购入日期
购入金额	供应商	供应商所在地及电话		

检验、修理日期	检验、修理记录	经办人	折旧记录栏	折旧年度	年折旧率	残值	记账
				备注			

问题56：如何做好车辆的使用管理？

1.公车使用的申请与安排

（1）车辆使用规定。

为了加强企业车辆的管理，行政经理应对车辆的使用做出明确规定，具体内容如图4-3所示。

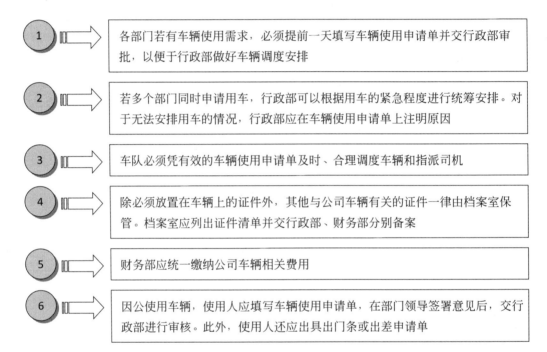

① 各部门若有车辆使用需求，必须提前一天填写车辆使用申请单并交行政部审批，以便于行政部做好车辆调度安排

② 若多个部门同时申请用车，行政部可以根据用车的紧急程度进行统筹安排。对于无法安排用车的情况，行政部应在车辆使用申请单上注明原因

③ 车队必须凭有效的车辆使用申请单及时、合理调度车辆和指派司机

④ 除必须放置在车辆上的证件外，其他与公司车辆有关的证件一律由档案室保管。档案室应列出证件清单并交行政部、财务部分别备案

⑤ 财务部应统一缴纳公司车辆相关费用

⑥ 因公使用车辆，使用人应填写车辆使用申请单，在部门领导签署意见后，交行政部进行审核。此外，使用人还应出具出门条或出差申请单

图4-3　车辆使用管理规定

行政经理对车辆的使用可以用表格来规范，如表4-5～表4-7所示。

表4-5　公务车辆使用申请表

申请日期		申请人员	
申请时间		返回时间	
申请理由			
部门经理意见：		行政经理意见：	

表4-6　车辆派遣登记表

出车日期		驾驶人员	
出车时间		出发时里程/千米	
返回时间		返回时里程/千米	
通行费		备注	
接送人员			
接送理由			
行政经理意见：		总经理意见：	

表4-7　车辆出车安排表

车牌号码		驾驶人员	
出车时间		返回时间	
送达地点			
送达货物			
管理人员		日期	

（2）车辆使用登记。

每次对车辆派发行驶，相关人员都必须进行登记，以便查实。行政管理人员要经常检查企业的车辆使用登记表（表4-8）。

表4-8　车辆使用登记表

编号：　　　　　　　　　　车牌号：　　　　　　　　　　日期：＿＿＿年＿＿＿月＿＿＿日

时间	行驶路径	加油费/元	维修费/元	里程/千米	备注

制表人：　　　　　　　　　　　　　　　审核人：

（3）车辆日常运行记录。

车辆行驶日记（表4-9）的填写是行政管理的重点环节。车辆行驶日记一般由车辆驾驶人员填写。

表4-9　车辆行驶日记

编号：　　　　　　　　　　　　　　　　　　　　　日期：＿＿＿年＿＿＿月＿＿＿日

行驶日期	星期		所属单位	驾驶者姓名	确认
车辆登记号： 车种：	使用前：＿＿＿＿＿千米		加油量	加油费用	加油站
	使用后：＿＿＿＿＿千米				
	本日行驶：＿＿＿＿＿千米				
出发时间		目的地	到达时间		乘坐人员
时	分		时	分	
备注：					

2.车辆油卡管理

（1）油卡日常管理。

行政部应加强车辆用油的管理，控制用油支出。

① 公司管理范围内的所有车辆应统一使用油卡加油，实行一车一卡制度。

② 严禁司机用现金加油，如遇特殊情况需要付现金加油的，应由部门主管提出申请，报财务经理审核，经执行副总经理批准后，报行政部备案。

③ 办理油卡后，行政部应将车牌号与油卡号码进行备案登记，油卡一经备案不得变更。如遇特殊情况不能正常加油，司机应将具体情况上报行政部。

④ 禁止车辆间互换油卡，禁止司机使用其他车辆的油卡加油。

⑤ 司机在使用油卡加油时，应保留每次加油的小票，并在月底做好统计工作。

（2）油卡充值管理。

行政部应及时了解油卡的使用情况，并结合司机反馈的油卡余额情况，做好油卡充值工作。车辆管理人员在申请油卡充值时，应根据车辆用油统计表填写油卡充值申请表（表4-10），然后报财务部审核、总经理审批。行政部在进行油卡充值时，要向充值中心索要增值税专用发票和油卡消费清单，以便于统计与核实各车辆的用油情况。

表4-10　油卡充值申请表

编号：　　　　　　　　　　　　　　　　　　　　日期：____年____月____日

上次充值额/元		余额/元	
起始里程/千米		截至充值时里程/千米	
申请日期		行政经理	
申请人（签章）		部门经理	
申请金额		财务经理	
核实金额（大写）	____万____仟____佰____拾____元____角____分		
财务主管：	会计复核：		出纳：

制表人：　　　　　　　　　　　　　审核人：

3.私车公用管理

私车公用是指符合一定条件的人员，将其私有汽车用于公务活动。以下情况可以申请私车公用。

（1）申请人为本公司员工，私车不仅用于上下班，而且用于公务活动。

（2）所驾驶车辆为其他单位所有，经领导分配使用或上级批准调用且未在其他单位报销费用。

申请私车公用的人员应填写私车公用申请表（表4-11），并提供驾驶证、行驶证复印件，报行政经理和总经理审批。

表4-11　私车公用申请表

编号：　　　　　　　　　　　　　　　　　　　　日期：____年____月____日

申请人		使用车种	□汽车 □机车	车号		目的或目的地	
				车主			
实际里程数		____千米		申请补助金额		____千米×____元/千米=____元	
行政部意见		核准人				行政经理	
核章							

制表人：　　　　　　　　　　　　　审核人：

问题 57：如何做好车辆的日常保养与维修？

对于尚在保修期内的车辆，行政部应定期将其送往购车处进行保养和维修。对于已经超过保修期的车辆，司机和行政部应共同确定维修服务点，并定期进行考评，以选择最合适的维修服务点。

（1）司机和行政部应共同验证维修质量，并将维修记录等资料存档。

（2）司机应按照车辆保养相关规定定期对车辆进行保养，并填写车辆维修、保养申请表（表4-12），在维修前先进行估价，经审核批准后，到指定维修厂维修；最后凭发票和车辆维修、保养申请表以及维修记录报销。

（3）在保养时，若需要更换零件、添加机油或刹车油，司机也要填写车辆维修、保养申请表，经过批准后进行保养，并将更换下来的部分交公司行政部进行审验。

（4）在行车途中，若车辆发生故障需要维修，司机首先应向行政部报告，及时汇报故障严重程度和故障原因，经批准后就近修理，并将更换下来的零件交回公司，同时写明事情经过，由行政部提出处理意见，经过审核批准后报销。

表 4-12　车辆维修、保养申请表

一、车辆基本情况		二、维修项目及资金预算			
车牌号		维修项目	材料费/元	工时费/元	小计/元
部门					
车型					
购置日期					
上次维修时间					
上次维修里程/千米					
本次维修里程/千米					
上次维修项目					
是否为定期保养					
是否为常规保养					
申请人		合计/元			
部门经理意见：		财务部经理意见：		总经理意见：	

问题58：如何做好车辆的换新和报废？

1.换新申请

在车辆报废换新过程中，由使用部门提出换新申请，行政部办理采购手续。同时，行政部应对旧车申请报废，具体流程参照税法规定。

2.换新交涉要点

使用部门提出换新申请时，公司主管部门应商定其必要性，若有必要，再和厂商进行换新交涉。

（1）行政部应确认换新车的预算。企业一般将换新需要支出的金额列在期初预算，但是也会有遗漏的情形，此时便要申请追加预算额，这一般由公司主管部门向财务部提出。

（2）用旧车换新车时，行政部应确定新车的价格。

（3）在换车时，行政部应首选旧车的生产厂商，但也应参考使用者的意见，如有需要，也可选择其他厂商。

（4）在购车过程中，行政部可以参考旧车的管理账卡及行驶日记。

3.交车时的各项工作

（1）换新的车辆交接和新购入车辆的处理相同，相关人员应注意旧车的转让，具体事项如图4-4所示。

1	在转让时要检查车辆内外，将无用物品清除后再交给对方
2	移交后需要过户，应将车籍资料（证件）及纳税、保险文件等一并交付对方
3	保险剩余部分可让保险公司转移至新车

图4-4　旧车转让的注意事项

（2）相关人员应制作新的管理卡，并在报废后的两年内继续保存旧车的管理卡。

（3）若账上价格与交易价格不符，且账上价格较高，相关人员应将差额按其他收益处理；相反则做其他损失处理。

问题59：如何做好司机的日常管理工作？

1.司机的日常管理工作

行政经理对车辆的管理很大一部分是通过对司机的管理来实现的，因此必须做好对司机的管理工作，具体内容如下所述。

（1）司机必须具备有效的驾驶证件，不得驾驶与证件不符的车辆。

（2）司机必须遵守《中华人民共和国道路交通管理条例》及有关交通安全管理的法规和操作规程，并应遵守本公司相关规章制度，安全驾车。

（3）司机应经常检查自己所开车辆的各种证件的有效性，在出车时保证证件齐全。

（4）司机一定要遵守交通规则，文明开车。

（5）司机要对公司各级领导的谈话保密，同时，要保守公司商业秘密和技术秘密。若给公司造成损失，公司将追究其法律责任。

（6）司机在上班时间若未有出车任务，则应在司机室等候；有要事确实需要离开司机室时，要先请假，说明去向和所需时间，经批准后方可离开。开车外出回来后，应立即到行政部报到。

（7）未经领导批准，司机不得将自己负责保管的车辆交给他人驾驶或挪作他用。否则，公司将根据情节严重程度，给予警告或记过处分；若给公司造成损失，公司将要求其赔偿；应当追究刑事责任的，将交由司法机关处理。

（8）司机应爱惜公司车辆，平时要注意保养车辆，经常检查车辆的主要机件。司机应每月至少用半天时间对自己所开车辆进行检修，确保车辆能够正常行驶，并做好检修记录。

（9）司机要每天对自己所负责的车辆进行清洁、保养，并做好清洁、保养记录，行政部则负责监督检查此工作，并将上述工作列入考核项目。

（10）出车前，司机要检查车辆的水、电、机油及其他机件是否正常，发现异常时，要立即加补或调整；要特别检查车辆转向、刹车、离合、车胎的情况，如有异常，应立刻向主管领导汇报。

（11）出车回来后，司机要检查存油量，发现存油不足一格时，应立即加油。此外，司机还应对车辆的行驶状况进行评估，并将异常情况记录在表格中，提出保养和维修建议。

2.司机违章处理

司机违章处理的具体内容如下所述。

（1）若司机在驾驶车辆时发生事故，公司将依据事故的性质和责任以及造成损失的大小给予司机相应的处罚。

（2）司机若酒后驾驶、未经过公司批准将车辆借给他人使用、出现交通事故后逃逸、未经公司批准将车辆用于其他用途并发生事故，则应承担全部经济损失和相应的法律责任。

（3）司机若在行驶和停车过程中造成货物丢失或损失，则应按照公司相关规定进行赔偿。

（4）行驶途中，若车辆出现故障并需要维修或更换部件，司机必须事先征得部门主管同意，事后应以书面形式将维修情况报告行政部。行政部进行鉴定、核实，给出处理意见，报行政经理审批。

（5）在出现交通事故后，司机应第一时间通知交通管理部门，同时告知公司行政部。司机应首先维护现场、抢救伤员；公司行政部应将事故情况上报总经理，并做好后续的处理工作，必要时可到现场协助交通管理部门的工作。

第三周　办公设备管理

办公设备（如计算机、复印机、通信用电子设备、摄影设备等）管理的目的是有效地使用办公设备，并维护管理办公设备。更重要的是减少经费，提高经济效益。办公设备的使用、管理通常由行政部统一负责。

问题60：如何控制办公设备的购买？

1.申购时的注意事项

各部门在提交办公设备请购单前，必须检查请购单上的内容是否有误，并注意图4-5所示的事项。

图4-5　办公设备请购检查事项

2.选择供应商的顺序

下列是选择供应商的具体参考事项。

（1）在选择供应商时，首先请供应商提供公司简介、实绩表等。

（2）将供应商提供的信息、文件等全套资料进行评估，再选出合格的供应商。

（3）要求被选上的供应商必须提供有关商（样）品的报价单，如果有不清楚的地方需要其确认。

（4）面谈后，在供应商提供最后的报价单后再做决定。

（5）供应商各有长处和短处，所以最好选择多家做比较。

3.购买申请

由于事务量的增多，常会发生办公设备不足的情形，所以应填写表4-13所示的"办公设备购买申请书"，向采购部门提出申请。

表4-13　办公设备购买申请书

需求部门		申请人		日期	
设备名称	型号及规格	月度内预算（是/否）	数量	单价	总金额
合计					
申购原因： 申请人：　　　　日期：					
部门经理意见： 签名：　　　　日期：					
库存情况：					
行政部意见： 签名：　　　　日期：					
财务部意见： 签名：　　　　日期：					
主管领导意见： 签名：　　　　日期：					

需要注意的是申请书中必须明确地填写品名、规格等，同时注意以下几点。

（1）购买的设备是否适合企业的业务。

（2）购买后设备的维（修）护是否有困难。

（3）购买金额是否妥当。

（4）购买后设备的管理是否容易。

（5）在购买设备时是否有听取操作负责人的意见。

4.购买时的注意事项

决定购买之后就要办理订货手续，与供应商商谈购买程序，图4-6所示的就是与供应商商谈的注意事项。

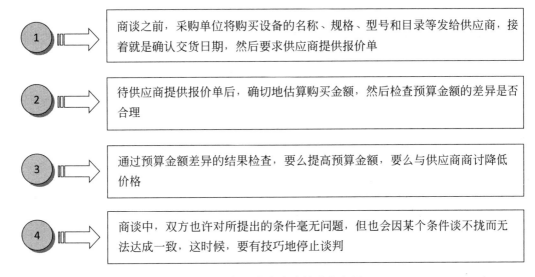

1　商谈之前，采购单位将购买设备的名称、规格、型号和目录等发给供应商，接着就是确认交货日期，然后要求供应商提供报价单

2　待供应商提供报价单后，确切地估算购买金额，然后检查预算金额的差异是否合理

3　通过预算金额差异的结果检查，要么提高预算金额，要么与供应商商讨降低价格

4　商谈中，双方也许对所提出的条件毫无问题，但也会因某个条件谈不拢而无法达成一致，这时候，要有技巧地停止谈判

图4-6　与供应商商谈的注意事项

5.交货日延迟的处理

商谈结束后就要正式订货。订货后基本不会出太大问题，但有些货品的制造过程需要较长的时间，还可能会面临一些突发事件，所以必须要有预防突发事件发生的措施。

（1）在商谈时要注意，如果货品延迟交付，必须要有相似品可以代替。

（2）购买条件应事前确定。

6.进货手续

依照合同如期进货之后，首先要将货品编列为办公设备类财产。进货后有以下整理手续。

（1）保管事项、保证事项等业务必须确认。确认后在送货单上加盖"已验收"的印章，交回供应商。

（2）检查订购设备与进到设备的规格、型号等是否相同。

（3）收到使用手册时请供应商测试。

（4）最后将设备放置在指定的地方，进货手续即告完成。

（5）进货手续办妥后，将进货单、买卖合同等资料制成办公设备财产目录表。

（6）收到供应商寄送的收款申请书后，应依照合同记载的报价金额，在付款期限内交由会计部门办理付款。

（7）将办公设备财产目录表及有关资料（例如合同书、进货单复印件、报价单复印件）交由总务单位保管。

（8）总务单位将接（收）到的资料——检查之后，进行分类整理。办公设备财产目录表应归档，并存入计算机。

7.办公设备以旧换新

业务中所使用的办公设备，由于长时间的磨损很容易发生故障。采购单位需时刻注意办公设备使用时间，及时申请购买新设备。如果设备是以旧换新，可与旧设备的供应商联络，商谈购买内容。

与采购新设备的情形不同，以旧换新应注意的地方如图4-7所示。

要查询旧设备的金额，并利用其价格与供应商进行交涉。一般以旧换新的价格会比定价低

宜选择以前合作过的设备供应商，这样可减少选择供应商的时间

设备进货时，必须确认新设备是否与旧设备相符，也必须在办公设备财产目录表中将旧设备的项目删除。如果忘记这一工作，设备被报废之后，表（账）上会与实际不符

新旧设备替换时，旧设备的保管、修理等情况必须记入设备管理卡之中，以备事前的调查、分析，为决策者提供参考

事前听取使用者的意见，知晓旧设备在使用上常发生的问题，为设备换购提供参考。在购买交涉时，需要先参考旧设备的办公设备管理卡片

图4-7　办公设备以旧换新的注意事项

问题61：如何制作办公设备管理卡？

1.设备管理卡是办公设备的"病历表"

在购入办公设备后，应将它们的相关资料记录在表4-14所示的办公设备管理卡中，正式登记为企业的资产。该卡记录的是办公设备的相关管理资料（设备的新旧替换购买、修理、保管等项目）。这类管理卡犹如医师的病历表，它是一项重要资料。

表4-14 办公设备管理卡

编号： 日期： 年 月 日

购入日期	部门编号	耐用年数	购入编号	启用日期：＿＿＿年＿＿＿月＿＿＿日		
办公设备编号（编号No.）		型号（编号No.）		购买厂商（编号No.）		
购买金额：		购买日期：		购买厂商地址和电话：		
				购买数量	耐用年数	折旧率/%
折旧记录栏（定率法、定额法）	折旧年度	折旧金额	保留价格	记账人	保管修理日期	保管修理记录	负责人
备注：				使用部门：	检验人：	经办人：

制表人： 审核人：

2.卡片登记要求

办理完进货手续之后，必须将进货单或买卖合同书等资料记入办公设备管理卡中。

（1）管理编号。必须一一编入号码，以方便整理辨识。

（2）设备名称。以全名进行登记，用计算机输入时必须将代码编号输入，型号不可以省略掉，使用时间（年）和损坏概率等资料也必须登记。

（3）购入厂商。必须将供货商负责人的名称记录下来，以便日后联络。电话号码和内线号码也一并记录，传真号码应记录在备注栏中。

（4）价格。将购入时的金额进行详细登记，如果有减价的差额，将价格记在备注栏中，以便日后再购买时可以参考。

3.折旧的记录

（1）在办公设备管理卡中，需要详细记录折旧年度、折旧金额、剩余价值等资料。

（2）如果未记录，可利用固定资产折旧率一览表来计算该设备的耐用时间（年）和折旧率，将最后得出的结果登记在表中。

（3）办公设备的折旧比率有两个以上时，不可以使用首次列出的数字。

4.保管和修理的记录

保管和修理资料必须准确记录。

（1）修理的日期。

（2）修理的场所。

（3）原因（如果知道为什么会发生故障，也要详细记录）、修理费用等。

最后盖上承办者的印章。

问题62：如何维护办公设备？

1.建立故障维修机制

行政经理应建立办公设备故障维修机制，具体内容如下所述。

（1）办公设备负责人要从使用者手中取得办公设备的使用报告，监控办公设备的使用情况。

（2）办公设备负责人要制定修理制度，以便发现故障后及时与相关人员联系。

（3）工作人员初次发现办公设备有故障时，应及时与办公设备负责人联系。

（4）对于可能给单位造成重大影响的设备，设备负责人要定期进行检查和保养，以免发生故障。

（5）若有必要，办公设备负责人可事先准备替代品。

（6）为了使工作人员有效利用办公设备，办公设备负责人要积极指导工作人员。

2.完善设备报修记录

行政经理要督促部门员工做好办公设备报修的记录工作。办公设备报修记录表见表4-15。

表4-15　办公设备报修记录表

编号：　　　　　　　　　　　　　　　　　　　　　　日期：　　年　　月　　日

设备名称/编号	部门	姓名	报修时间	故障现象	开始解决时间	经手人	解决完成时间	解决方法

制表人：　　　　　　　　　　　　　　　　审核人：

问题63：如何报废办公设备？

有些办公设备已超过使用年限，难以继续使用，行政经理要考虑对其进行报废处理。由各办公设备使用部门填写表4-16所示的办公设备报废申请单，行政经理或行政人员审核后，交总经理审批，审批通过后就可以安排报废处理。

表4-16　办公设备报废申请单

编号：　　　　　　　　　　　　　　　　　　　　　　日期：　　年　　月　　日

办公设备名称及编号	规格型号	单位	数量	预计使用年限	已使用年限	原始价值	已提折旧额
设备状况及报废原因							
处理意见	使用部门		行政部		财务部		总经理审批

制表人：　　　　　　　　　　　　　　　　审核人：

第四周　办公用品管理

办公用品管理的主要任务在于置办、保管、分配以及维护企业管理所必需的办公用品。为了保证企业各项工作快速而有效地进行，要求行政部门用较低的费用迅速而及时地供给必需的办公用品。

问题64：办公用品有哪些分类？

办公用品可分为以下几类。

1. 日常用具

日常用具是指单位日常工作及业务操作所使用的文具、工具、器具等。例如规尺、剪刀、裁纸刀、订书机等文具，具体可分类如下。

（1）绘图文具，包括规尺、样板、剪刀、裁纸机、绘图用具等。

（2）计算工具，如电子计算器。

（3）通信用具，如电话机、传真机等。

2. 办公设施附件

办公设施附件指的是为设施配置的物品。设施指办公室、会议室、招待室、图书室、培训室、复印室、计算机房、展示厅等。办公室内最基本的办公设施附件如下。

（1）办公桌。办公桌需要每人一台。

（2）办公椅。宜选用可以上下调节座高并可改变靠背角度的办公用椅。

（3）文件柜。包括个人办公专用和放置单位公用文件的文件柜。

（4）信箱。信箱为抽屉式的收放箱。为防止机密泄露，信箱应有暗锁。

（5）杂志架。杂志架上通常放置最新一期的杂志及报纸，旧杂志、旧报纸则可放在书架上。

（6）供员工保管衣物的衣柜、挂外套的衣架、放伞的伞架、饮用茶水或其他饮料的设备、丢弃垃圾的垃圾桶等。

（7）会议室、培训教室设施：白板、黑板、麦克风、投影仪等音像放映设备，听众用桌椅，讲演用的激光笔等。

（8）复印室设施：分类存放复印纸的保管箱、用订书机装订并整理文书的工作台、区分原件及复印件的隔板、复印机的保养工具、大垃圾箱等。

3.易耗品

易耗品指的是会因使用而减少的物品，比如，办公用的铅笔、圆珠笔、钢笔、橡皮等文具；方格纸、活页纸、复印纸、留言条等；纸张、笔记本、账簿、U盘、文件夹及活页封面等。

为提高工作效率，并削减办公成本，必须经常备有适量的易耗品。

问题65：如何采购办公用品？

1.提出办公用品采购申请

各部门一旦出现办公用品不足，应向行政部提交办公用品采购申请单（表4-17）。

表4-17　办公用品采购申请单

编号：　　　　　　　　　　　　　　　　　　　　日期：　　年　　月　　日

序号	办公用品名称	品牌	规格型号	申请项目			行政部调查审批项目		
				数量	单价	金额	数量	单价	金额
合计：							合计：		
部门申请理由									
行政经理意见			部门负责人审核			总经理审批			

制表人：　　　　　　　　　　　　　审核人：

2.制订办公用品需求计划

行政部根据各部门的采购申请，制订办公用品需求计划并开展采购工作。办公用品需求计划表见表4-18，仅供参考。

表4-18　办公用品需求计划表

部门：　　　　　　　　　　　人数：　　　　　　　　第　季（___月___日）

个人领用类							业务领用类						
办公用品名称	代号	单位	数量	单价	金额	备注	办公用品名称	代号	单位	数量	单价	金额	备注
小计							小计						
预算金额： 实际金额：			部门主管					经办人					

制表人：　　　　　　　　　　　　审核人：

3.选择办公用品采购方式

办公用品的采购方式如下所述。

（1）小型或零星办公用品，如铅笔、小刀等，要由行政部人员到指定的办公用品专卖店选购或订货。

（2）大型办公用品要由不少于两名的员工到指定门店采购或到其他大型商场采购。

4.开展采购工作

办公用品采购工作的具体要领如表4-19所示。

表4-19　办公用品采购工作的具体要领

序号	内容	具体说明
1	确定购入何种办公用品	（1）办公用品负责人应调查市场上的办公用品，掌握其性能、功能及价格 （2）办公用品负责人应选择最适合本单位的办公用品 （3）办公用品负责人应经常关注新产品，以便寻找符合本单位要求的办公用品 （4）办公用品负责人应经常接触办公用品供应商以取得商品目录，或者经常出入展览会场了解新产品情况等
2	办公用品负责人提出购买要求，购货负责人订货	（1）购货负责人与供货商就价格及交货期进行协商 （2）由提出购买要求的办公用品负责人或购货部门选择供货商 （3）一般由购货部门决定在何处购货

序号	内容	具体说明
3	办公用品负责人在制订计划时应认识到，若购入数量过多，作为存货积压的用品会增多，从而会导致资金无法被有效地运用；购入数量过少则会造成库存中断，使业务停止	（1）办公用品负责人应依据办公用品的需求计划和年度预算来决定购入数量和交货期 （2）办公用品负责人应做到在易耗品快用尽前购入用品 （3）存货用完日期可用现在的存货量除以每日计划需用量计算得出 （4）要向订货处表明该用品快要用完并需要马上补货 （5）订货量可通过每日计划需求量乘以订货间隔天数计算得出

问题66：如何发放与分配办公用品？

1. 发放使用

对办公用品的发放进行管理，要建立正常的发放和使用制度。要严格掌握办公用品的发放范围，根据实际需要进行发放，避免浪费。对经费已经超支的部门，要限制领用。在办公用品领取和发放工作中，保管员要坚守工作岗位，服务要热情周到。对不符合领取规定的，要做好解释工作，使之能够理解。

（1）属于工作人员日常使用的办公用品，实行定期定量发放，各使用人自行领用并进行登记。

（2）属于工作人员非日常使用的物品，各使用人应填报领物单或借用单，经主管人员审核批准，由保管人发放。领物单中应包括物品名称、请领数量、实发数量、用途、批准者、审核者和领用者等项目。

（3）保管人发放时，应备簿登记（表4-20），每月统计一次，并送行政经理查阅，使之了解单位办公用品消耗情况，从而改进工作。

表4-20　办公用品发放登记表

部门：　　　　　　　　　　　　　　　　　____年____月____日

品名	请领数量	实发数量	用途	备注

行政部经理：　　　　　　　　　部门主管：　　　　　　　　　申领人：

2.办公用品分配

办公用品的分配由办公用品总负责人从其管理的保管库将办公用品分配给各部门。分配的方法与要求如下。

（1）分配的办公用品放在各部门的办公用品保管柜中。

（2）各部门的办公用品负责人应根据业务负责人的要求，从办公用品保管柜中支取办公用品。

（3）物品为廉价的易耗品且大量使用时，使用人可根据所需从保管柜中任意拿取。比如，复印纸等就放在复印室的隔板上，使用人可随意使用。

（4）光盘等较贵的物品则由部门办公用品负责人放入带锁的文件柜中进行保管，按工作要求配用。

（5）应算出各部门办公用品的使用量，同时与平均使用量进行比较，实行统一管理，从而达到削减开支的目的。

（6）办公用品需要按计划使用，即将超过预算时，办公用品负责人应向各有关人员发出提示，提醒其节约使用办公用品。

（7）对办公用品先进行整理整顿，后加以保管，以便迅速找到存放办公用品的保管箱、文件柜及带抽屉的收放箱等。

（8）规模大的办公用品保管在带锁的专用保管库内。在保管库内，应对办公用品进行整理。

（9）应定期整理散乱的物品，按规定的形式摆放整齐，并记录这些办公用品的剩余量。

（10）存货即将不足时，需向办公用品总负责人申请领用办公用品。

（11）昂贵办公用品的分配基本上按计划进行。何人因何工作领用何物品等都要记在台账上。

问题67：如何保管与维护办公用品？

办公用品的保管与维护，主要指办公用品的登记、收藏、分配以及盘点、交换和养护等，目的是保持办公用品的效能。

1.设专人保管

办公用品的保管一般要设专门的库房和专人。

（1）保管员对采购员购入的办公用品，按照规格、数量、质量认真验收，并登记、上账、入库，精心保管。

（2）库房内的各种物品要摆放合理，并做到整齐、美观。

（3）要经常检查库房内的物品，防止损坏、变质、变形，并对存货进行整理整顿，使其得到有效利用；对损坏的存货进行修理，使其处于使用状态等。

（4）在保管工作中，要及时登记保管账卡，定期（季度或半年）清理库存，做到账物相符。保管员还要根据库存和需求情况，定期提出采购计划。

（5）在制订计划时，要注意防止物资积压，努力压缩库存，做到节约资金。

特别提示

对库房还要注意加强安全防范工作，经常进行安全检查，防止各种意外事件发生。

2.定期盘点

（1）清点易耗办公用品的存货量。可在特定日期对存货量进行清点并登记于办公用品盘存报表上。

（2）在工作人员自由拿取办公用品的地方检查存货数值。与过去的存货数值进行比较，若数值过小，则需要调查大量使用办公用品的原因。

（3）若办公用品是由办公用品负责人进行配用的，则将实际存货量与账簿上的存货量做比较。

（4）办公用品负责人应将办公用品的收支记在台账上，并努力使其与实际的存货量保持一致。

（5）办公用品若为日常用具和办公设施附件，则盘点时需要调查办公用品的使用和破坏状况，并且明确办公用品的管理负责人、使用部门等。

（6）为方便盘点，必须在各办公用品上贴上管理序号。

办公用品盘存报表见表4-21。

表4-21　办公用品盘存报表

编号	名称	规格	单位	单价	上期结存		本期入库数	本期发放数	本期结存		备注
					数量	金额			数量	金额	

行政部经理：　　　　　　　　　　　　　　　　保管员：

3.进行整理

为了灵活有效地利用办公用品，各部门办公用品负责应需要对办公用品进行整理。

（1）必须使办公用品处于随时可供使用的状态。

（2）将使用与不使用的办公用品分开，并将不使用的办公用品返还到特定场所。

（3）将物品放到该放的地方，摆放时要注意便于拿取。

4.建立故障修理机制

办公用品的维护管理需要建立及故障修理机制。

（1）要从使用者手中取得办公用品的使用报告，及时掌握有关办公用品的信息。

（2）要制定故障修理制度，以便发现故障时按故障程度及时与有关人员联系。

（3）当工作人员开始使用办公用品后，若发现办公用品有故障，要与办公用品负责人联系。

（4）对于可能给单位造成重大影响的办公用品，需要定期进行检查和保养，以免发生故障。

（5）若有必要可事先准备替代品。

（6）为了工作人员有效利用办公用品，必要时特殊的用品可由办公用品负责人指导其使用。

问题68：如何管理好工作服？

行政经理应对工作服的管理做出明确规定，如工作服的使用和发放标准以及故意损坏工作服的处罚措施。

1.工作服的发放与使用

（1）办理正式入职手续的员工，可在入职后领取工作服及工作牌。

（2）对于因工作原因（如磨损大）需要提前换发工作服的情况，员工应填写表4-22所示的工作服领用申请表，写明情况，经行政部核实后，进行提前换发。

表4-22　工作服领用申请表

编号：　　　　　　　　　　　　　　　　　　　　　　　日期：　　年　　月　　日

领用类别及型号：		部门类别：			件数：____件	
申请原因：						
部门经理：		部门主管：		组长：	申请人：	
经办人：					扣款金额：_____元	
领用确认：		行政经理：				

制表人：　　　　　　　　　　　　　　审核人：

（3）对于因个人原因造成工作服或工作牌丢失、被盗或破损需要提前换发的情况，员工应补缴相应的费用（按批发价）。

（4）离职时，员工应将工作牌和工作服一起交还，并按所领用的工作服的种类上交一定费用（从离职当月的工资内扣除）。

（5）员工的仪容仪表将作为个人绩效考核的依据之一。

2.处罚措施

（1）员工若未按要求穿工作服，则会受到相应的处罚。

（2）员工人为损坏、丢失工作服（因洗涤、保存方法不当），应按工作服制作费进行赔偿。

3.工作服的穿着规定

（1）在上班时间员工必须统一穿着公司配发的工作服并佩戴工作牌。

（2）员工对配发的工作服有保管、修补的责任。

（3）员工不得擅自改变工作服的式样。

（4）员工不得擅自转借工作服。

（5）员工应保持工作服的整洁，如有污损，应自费进行清洗或修补。

（6）行政部不定期进行抽查，惩罚不按规定着装及佩戴工作牌者，并将违规行为计入绩效考核结果中。

（7）各部门主管均有指导与监督员工规范穿着工作服的责任。

问题69：如何管理好工号、工作证？

1.工号管理

（1）公司员工的工号由行政部依据工号编排原则统一编制、分配、管理以及注销。

（2）公司员工的工号由部门名称的前两个字母和流水号组成，如XZ001（XZ表示行政部，001表示序号）。

（3）工号是公司员工在公司内的身份识别符号，员工不得擅自涂改、销毁，否则视同损坏公司形象。

2.工作证管理

工作证是公司员工的身份识别证明，属于公司财产，员工不得擅自涂改、损毁或转借他人。

工作证一般由考勤卡、工作牌、工作牌外套三部分组成。工作牌分正反两面，正面用于记录员工的基本信息，包括员工的姓名、职务、部门、工号等；反面用于记录工作牌的使用规定。工作牌的使用规定如下所述。

（1）工作牌属于公司财产，员工不得擅自涂改、损毁或转借他人。

（2）员工离职时应将工作证交还行政部，否则将从其工资中扣除工本费。

（3）员工若损坏或遗失工作证，应及时向行政部申请补办。

（4）工作证的版式分为两种：横式和竖式。一般来说，生产车间员工的工作证为横式工作证，办公室人员的工作证为竖式工作证。

公司员工必须按要求佩戴工作证，否则保安有权拒绝放行并记录其姓名，由行政部依据公司规章制度给予适当的处罚。

员工应将工作证佩戴于胸前，照片朝外；严禁将工作证置于衣兜内或随意挂在其他位置上。遗失工作证需要补办新证者，应缴纳工本费，一般由财务部直接从遗失者当月工资中扣除。

第五个月
文件资料管理

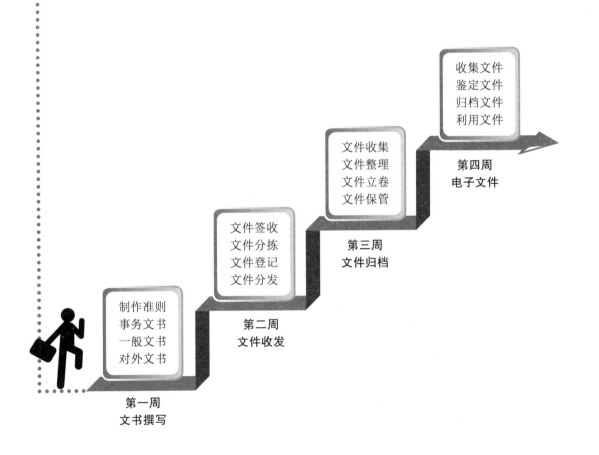

收集文件
鉴定文件
归档文件
利用文件

第四周
电子文件

文件收集
文件整理
文件立卷
文件保管

第三周
文件归档

文件签收
文件分拣
文件登记
文件分发

第二周
文件收发

制作准则
事务文书
一般文书
对外文书

第一周
文书撰写

第一周　文书撰写与管理

文书在企业管理中发挥着重大作用。任何企业，管理者都需要靠一些文书来发号施令、沟通联络、统一步调、经营管理。

问题70：文书制作的准则是什么？

文书，即企业文书一般有图5-1所示的三种。

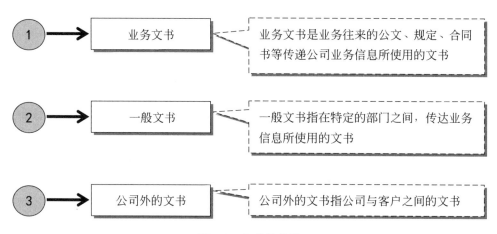

| 1 → | 业务文书 | 业务文书是业务往来的公文、规定、合同书等传递公司业务信息所使用的文书 |

| 2 → | 一般文书 | 一般文书指在特定的部门之间，传达业务信息所使用的文书 |

| 3 → | 公司外的文书 | 公司外的文书指公司与客户之间的文书 |

图5-1　文书的种类

无论是业务文书、一般文书还是公司外的文书，都必须遵守以下的准则来制作。

1.文书制作的注意事项

（1）文书内容必须明确、准确。文书的内容一般为委托、申请、承认、催促、通知、对照、回答等，需要明确地述说。

（2）内容必须简单且一目了然，尽量不用不明确或抽象的话语，难懂的文言文或外国语言没必要时尽量少用。

（3）内容以"5W1H"为基准，"5W1H"是Who（谁）、What（什么）、When（何时）、Where（哪里）、Why（为什么）、How（怎么做）的意思。

2.文书措辞的注意事项

（1）特殊的措辞及陈旧的措辞最好不用。

（2）赞美词在必要时才使用。

（3）专业用语、学术用语等原则上只适合用于正式文书中。正常的措辞比较长，在文书之中频繁使用的时候可用"以下简称××"。

（4）词汇不要大量地使用。

3.标题的分类方法

标题大致按从大到小的分式排序，如以下的编号。

1，2，3→大分类。

A，B，C→中分类。

a，b，c→小分类。

（1）（2）（3），（a）（b）（c）→细分类。

分类编号应一目了然地排列，一个编号与一个编号之间都略靠右边编排下去。如果分类项目过多，1，2，3的前面可利用Ⅰ、Ⅱ、Ⅲ来编排。

问题71：如何撰写与管理事务文书？

事务文书是部门与部门之间传递信息和联络事项的文书。

1.公布事项

下所列举的事情，应以规范统一的文书在全公司范围内公布。

（1）公司组织机构、职位的变更。

（2）业务制度的制定与变更。

2.公布范围

公布范围为总公司和分公司的各部门单位。

3.事务文书的管理流程

事务文书的管理流程如图5-2所示。

4.事务文书的内容及写法

事务文书的内容及写法如表5-1所示。

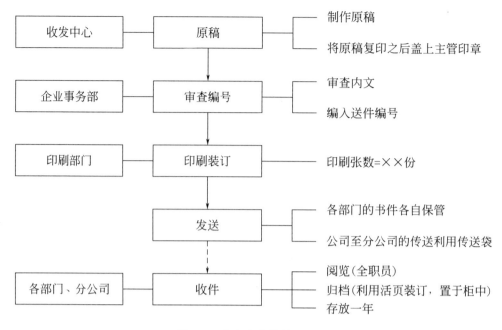

图5-2　事务文书的管理流程

表5-1　事务文书的内容及写法

序号	栏目	填写方法
1	收件人住址	公司内的业务文书传递，由于针对企业部门职员，所以不需要收件人住址
2	送件编号	编号应记在"内容栏"的旁边
3	送件日期、送件部门	送件时必须清楚记入送件日期与送件部门或单位
4	标题	标题必须详细注明并画上双重线
5	内容	首先简洁明了地把重点提出。如果公布事项需要时间、地点，应详细注明
6	寄件人	送件部门、送件人、内线号码等详细记录
7	答复	如果该文书需要答复，要注明并填入答复日期。如果有截止日期，必须要给对方10日以上的阅览时间
8	附件	如添加附件，需要填入发件日期、文书号码

5.事务文书的发送与接收

（1）送件准备。在送件之前应把原稿复印一份，之后将两份文书送到行政部审核。如果审核内容合格，行政部应填入发送编号。如果是问卷调查或是需要答复的文书，则在送件时就应记录注明。

（2）印刷、装订。一般企业都有复印机，复印后装订即可。

（3）文书页数在两张以上时，应在左上角用订书机装订。页数很多时，不可只装订一角，必须同边两点装订。

（4）总公司内部文书可发布于各部门的公布栏。

（5）行政部可利用快递公司向分公司传送文书。

（6）接收到文书后，各部门员工必须传阅，传阅之后必须签名。

6.事务文书的归档保管

（1）每月必须把文书用活页夹归档整理，并记入标题、年月日、传送部门等。

（2）如果有保管期限，则在到期日应将文件销毁。

问题72：如何撰写与管理一般文书？

一般文书适用于企业内特定部门之间传递业务上的信息。

1.一般文书的管理流程

一般文书的管理流程如图5-3所示。

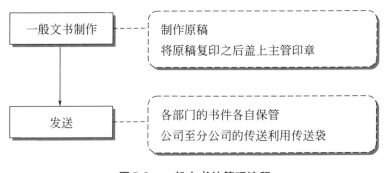

图5-3 一般文书的管理流程

2.一般文书的写法

一般文书用纸以A4纸（一般信纸大小）为主。可手写或用计算机打印。文书内容以口语化为主，文中多使用助词、代名词或者是敬语。其内容及写法如表5-2所示。

3.检查

文书草拟完后，必须再检查一次。检查时应注意图5-4所示的重点。

表5-2　一般文书的内容及写法

序号	栏目	填写方法
1	寄件地址	在中式信封的右上角记入寄件地址，人名之下必须用敬语
2	文件名称	在寄件地址旁边记入文件名称
3	送件编号	送件编号是从各部门一般文书管理编号簿中取得的。文书编号要切实反映送件顺序、送件日期、文件名称、联络人等信息
4	送件日期、送件部门	在送件编号下要详细注明送件日期、送件部门
5	内容	内容以口语化文字为主，同时注意助词、动词、代名词的使用
6	联系人签字、主管签字	在文件发送之前必须由联系人及主管签字

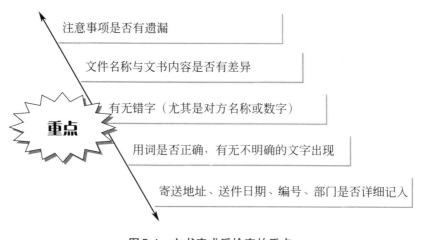

重点

注意事项是否有遗漏

文件名称与文书内容是否有差异

有无错字（尤其是对方名称或数字）

用词是否正确，有无不明确的文字出现

寄送地址、送件日期、编号、部门是否详细记入

图5-4　文书完成后检查的重点

4.一般文书的发送与接收

（1）文书经主管审查签字后发送出去。

（2）部门负责人收到文件后可进行内部传阅。

（3）总公司与分公司之间传递文件可利用快递邮寄。

（4）收件、传阅。如果收件人是个人，文件可直接发给本人；如果收件人是多人，可利用传阅或者是复印的方式。

5.一般文书的归档保管

（1）归档。个人的文件资料由本人保管，公司的资料应归档保存，以方便大家日后查询。一般文书资料的归档方式和事务文件相同。

（2）保存期限。如果有保存期限，则在到期日应将文件销毁。

问题73：如何撰写与管理对外文书？

对外文书适用于企业与客户、厂商之间联络业务，是以公司名义发函。它与公司部门的一般文书和事务文书不大相同。

1.对外文书的管理流程

对外文书的管理流程如图5-5所示。

图5-5　对外文书的管理流程

2.对外文书的写法

对外文书用纸为A4纸，可手写或者用计算机打印。手写时文字要简洁工整。文章内容尽量口语化，还应注意助词、名词、代名词的使用。其内容及写法如表5-3所示。

表5-3　对外文书的内容及写法

序号	栏目	填写要求
1	寄信地址	在信封上必须详细记入收信者的名称、职称、公司名称、部门类别等。收信者的名称下必须加上敬语。如果文书是寄给多人的，应填入"诸位……"（例如诸位股东）
2	送件编号	编号可在各部门保管的公文收发簿中取得。公文必须依送件顺序编号，详细填入送件日期、送件地址、联系人等信息
3	送件部门、单位送件人	在公文收发簿上记入送件部门或单位送件人
4	联系人	在送出文件前，必须盖上联系人及主管的章，表示已审核
5	文件名称	在信封的左下方简单明了地记入文件名称

续表

序号	栏目	填写要求
6	内容	对外文书与公司文书不同，它必须遵循一定的形式 （1）开头。即进入正文前的问候语 （2）前文。对客户、厂商表示感谢或祝福的词语，例如：承蒙平日的照顾，本人在此感谢。恭祝大家身体健康，万事如意。可适当地使用敬语，简单地描述心意 （3）末尾 谨启 —→ 针对敬启者，回函者 谨此 —→ 针对敬启者 以上 —→ 针对省略

3. 对外文书寄收

（1）寄出。必须经主管审查签字后再寄出，通常由行政部的收发中心寄出。

（2）收件、传阅。个人信件，直接发送本人；如果收件者为多人，可利用传阅或是复印等方式。

（3）归档整理。个人文件各自存放保管。公司的文件资料，可利用活页夹分类归档。

4. 对外文书的保存

（1）保存期限。如果有保存期限，在到期日应将文件销毁。

（2）保存场所。本年度的文件利用活页夹分类归档保管。以前年度的文件装入箱中保存。保存场所尽量选择仓库或事务所的角落。

第二周　文件收发管理

文件管理主要有三个环节，即收文处理、发文处理与文件保存。这一周主要学习收文与发文这两个环节的控制。

问题74：如何签收文件？

行政部必须建立严格的文件签收手续，以分清责任，便于参考。

1.当场查验

文件送达后，签收人员必须立即签收。签收时，签收人员应该注意检查图5-6所示的几个方面的内容。

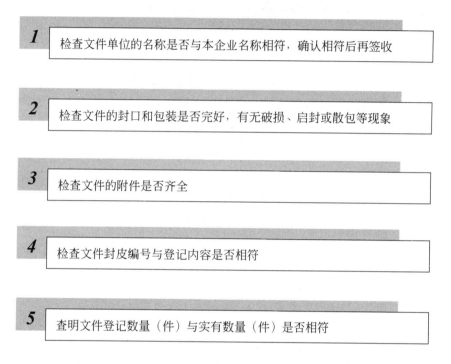

1 检查文件单位的名称是否与本企业名称相符，确认相符后再签收

2 检查文件的封口和包装是否完好，有无破损、启封或散包等现象

3 检查文件的附件是否齐全

4 检查文件封皮编号与登记内容是否相符

5 查明文件登记数量（件）与实有数量（件）是否相符

图5-6　文件签收应注意检查的事项

2.签收盖章

查验无误后，签收人员便可以在收件人回执单或登记簿上签字盖章，以示签收。签收之后，要进行登记，继而进行分拣工作。若信件为报纸或期刊，则应对照报纸或期刊分发登记表上的总数量，清点数量是否正确。

重要公务文件须由收件人亲自签收。一般来说，封皮上写明"亲收"字样的信件，须由收件人亲自签收，收发室不得代收；封皮上写明"亲启"字样的信件，收发室可以代替收件人签收，但是必须交收件人亲自启封。

保密性极高或内容特别重要的文件除了要有文件签收者签名外，还应加盖单位的公章。

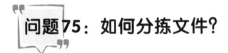

问题75：如何分拣文件？

文件的分拣是指将文件按收件人或部门分类放置，以便转交。文件收发人员应在签收之后及时进行分拣，以免误事。可按平信、报纸、期刊、自取件、急件、机密要件对文件进行分拣。

文件收发人员要先将急件和机密要件拣出，登记在保密文件登记表（表5-4）中，尽快递交给收件人。对于一般文件、报纸和期刊，也要随到随拣，按部门或收件人将其分别存放在固定的柜格里，通知收件人前来拿取。

表5-4　保密文件登记表

编号：

收件日期	收件人	收件编号	保密级别	文件名称

制表人：　　　　　　　　　　　　　　　　　　　　审核人：

问题76：如何登记文件？

在分拣完文件之后，签收人员要对重要的文件进行登记。

1.登记的范围

凡是办理了签收手续的文件都应进行登记，包括公私挂号邮件、包裹单、汇款单、机要信件、专人送来的信件等。有的文件虽未进行签收，但也须登记。

2.登记的方法

行政部应根据企业的规模大小、收取信件的数量以及各部门的设置情况确定登记方法。

（1）规模较大的企业，收进的信件数量多，下设部门也多，可以按信件去向分设收件登记簿，即每个收件部门分别用一本收件登记簿进行登记，这样也方便收件部门进行签收。

（2）规模较小的企业，收进的信件数量不多，下设的部门相对较少，可以采用综合性的收件登记簿，即只用一本收件登记簿按收件部门的顺序进行登记，将一个部门的信件登记在一起，以便转交。

3.登记的项目

登记的项目一般包括收件时间（急件应注明具体时、分）、登记人姓名、发件单位、收件单位、封面编号、文件号、件数、附件、办理情况、收件人签名、备注等。收发室只是信件的收转部门，因此，其按来件的外部标志登记即可，无须另行编号或加注其他标记。

4.登记的要求

相关人员在登记时要逐项认真填写，力求字迹清楚、工整、易于辨认。收文登记表见表5-5。

表5-5　收文登记表

序号	收文日期	来件（寄送）单位	数量	经办人	收件（寄件）人签名

问题77：如何分发文件？

文件收发人员要及时分发已接收的文件，文件内部分发要求如图5-7所示。

此外，在分发文件时，文件收发人员还应做好登记工作，文件内部分发登记表见表5-6，仅供参考。

及时

文件收发人员对领导已批办或可按常规处理的文件，必须及时处理，切实做到当日事当日毕，急事要立即处理

分清主次

（1）分发数量（份）较多的同类文件时，文件收发人员要优先满足单位主要领导、主管领导和业务主管部门的需要，然后根据文件数量和工作需要分发给相关部门和领导

（2）如遇到特急件，文件收发人员可先将其送至业务主管部门，在业务主管部门提出处理意见后再请示领导，或边处理边汇报，或事后汇报

进行标注

（1）对于应承办的文件，要附"批办单"并加盖"已处理"章

（2）对于那些不需要登记的文件，也要注明领导或部门的名称，以免放乱、拿错

登记管理

（1）分发给领导的文件，必须要设置专门的文件登记簿，并注明时间、种类、名称、文号等

（2）分发给各部门的文件，可在部门登记簿上注明相关信息

文件分发登记

文件收发人员要将分发的文件登记在文件分发登记表上，以便日后查核

图5-7　文件内部分发要求

表5-6　文件内部分发登记表

编号：

文件名				文件编号	
发放人				发放日期	
序号	收文部门		数量/份	签收人	签收日期	备注

制表人：　　　　　　　　　　　　　　　　　审核人：

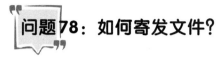

问题78：如何寄发文件？

1.文件寄发要求

文件收发人员应汇集所有待发文件，填好文件发送登记表（表5-7）。文件收发人员必须在一定时间内将待发文件发送出去。

表5-7　文件发送登记表

编号：

序号	日期	文件编号	文件主题	数量	发送单位	签字	时间	备注

制表人：　　　　　　　　　　　　　　　　　　　　审核人：

2.注意事项

根据文件的重要程度，文件收发人员在具体寄发文件时应注意如图5-8所示的事项。

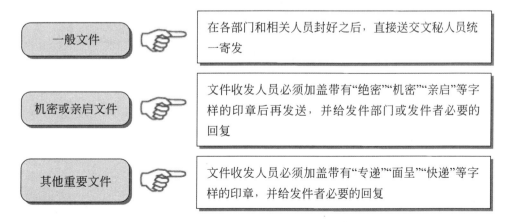

图5-8　寄发文件的要求

139

第三周 文件归档管理

文件归档的目的是保证归档的文件齐全完整，以便日后取存和利用，从而提高企业的工作效率和工作质量。

问题 79：文件如何收集？

1.确定经办人员

行政部应明确各部门负责资料整理的经办人员，并让他们严格遵守归档制度。

2.归档工具

行政人员可利用归档工具来存放文件，并以"保存文件名称""当季业务年度"（开始日和结案日）等来表示需要保管的文件。归档工具主要有如图5-9所示的几种。

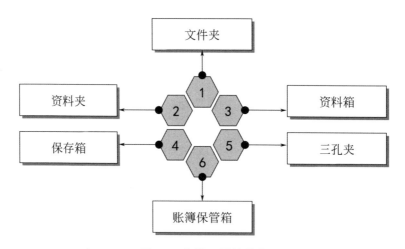

图5-9　归档工具的种类

3.文件收集工作

文件的收集是指按照有关规定，收集各单位、部门和个人手中分散的、种类和数量繁多的文件，并将其集中到企业的行政部。

（1）收集范围。

不是每份文件都要进行归档，行政人员应根据一定的实用原则，将应该归档的文件挑选出来。

凡是本企业工作活动中形成的、处理完毕的、对今后工作有参考价值的文件都应归档。

行政人员不能只重视已登记的文件，而忽视未登记的各种文件，如会议文件、内部文件、调查报告、访问记录、人事关系、介绍信等。

（2）收集要求。

文件归档收集的要求如图5-10所示。

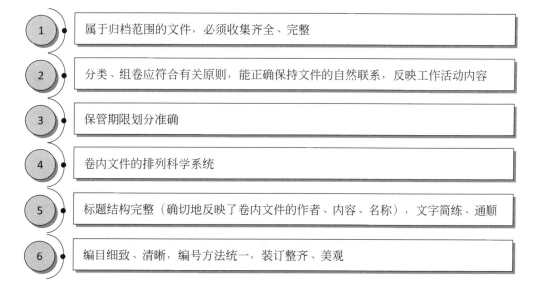

图5-10　文件归档收集的要求

问题80：文件如何整理？

文件的整理，主要是把零散的和需要进一步条理化的文件，进行基本的分类、组合和编目，使之系统化。

1.文件整理的内容

文件整理的内容如图5-11所示。

2.文件整理的原则

文件整理的原则如图5-12所示。

图5-11　文件整理的内容

1　按照文件材料形成的自然规律，保持各文件的完整和相互联系

2　按照文件的来源、时间和内容等条件，保持文件之间的联系

3　充分利用原有的整理基础，进行文件保管和利用

图5-12　文件整理的原则

3.文件分类

文件分类就是把全部案卷按照来源、时间、内容和形式的不同，分成若干类别。分类的方法有如图5-13所示的两种。

图5-13　文件分类的方法

问题81：文件如何归档?

文件归档是指对文件进行分类整理及保存。企业经常使用及需要保存的文件有很多，行政部必须督促部门员工做好企业文件归档工作。

1.企业文件的公有化

企业文件并不是个人的私有资料，而是满足公司业务需求的公有资料。行政人员应将企业文件集中存放于保管柜中，严禁私人占有资料。

2.有效利用空间

行政人员可以将办公室中不必要的陈年资料进行销毁，以维持整洁的工作环境。整洁的工作环境可以提升客户对公司的印象。

问题82：文件如何立卷？

1.文件立卷的要点

（1）编好案卷类目。

案卷类目是指为便于立卷，按照立卷的原则和方法编制的案卷名册。案卷类目是由类目和条款组成的。案卷类目对立卷工作来说是十分重要的，它可以保证文件的完整，便于工作人员查找并利用文件。

（2）准确确定立卷归档的范围。

企业每年都要处理大量的文件和材料，但不能将所有的文件和材料都立卷。立卷时应以本单位形成的文件、材料为主。具体来说，有如图5-14所示的几个主要方面。

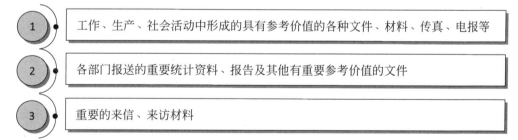

1	工作、生产、社会活动中形成的具有参考价值的各种文件、材料、传真、电报等
2	各部门报送的重要统计资料、报告及其他有重要参考价值的文件
3	重要的来信、来访材料

图5-14　立卷归档的范围

2.文件立卷的方法

行政人员可根据文件的特征立卷，文件立卷方法如图5-15所示。

3.文件立卷的调整

（1）复查案卷文件，确定保管期限。

复查案卷文件是指根据立卷原则、要求和特征，对卷内文件进行复查，剔除不需要立卷归档的文件，纠正分类不准确的文件，然后根据文件保管期限来确定案卷保管期限。

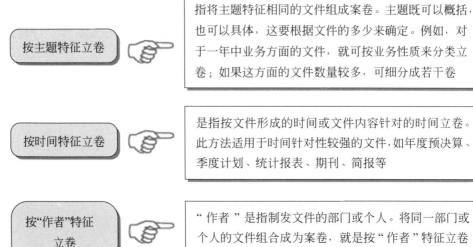

图 5-15　文件立卷方法

（2）排列卷内文件。

卷内文件可按照时间、主题、地区、作者、名称等排列。行政人员在进行排列时要注意正文在前，附件在后；请示在前，附文在后；最后的定稿在前，讨论修改稿在后。

（3）给卷内文件编号。

凡被列为永久保管和长期保管的案卷，行政人员都必须为其编写章号。卷内编写章号时应注意如图5-16所示的事项。

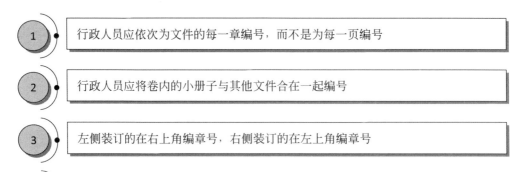

图 5-16　卷内编写章号的注意事项

（4）填写卷内目录和备考表。

行政人员复查调整案卷后，在装订前应及时填写卷内目录。行政人员应对每份文件分别填写卷内目录。如果几份文件的内容均是针对某一个具体问题的，也可以合起来填写。卷内目录一般可填写两份，其中一份附在卷首，不编章号，另一份留以备查。

特别提示

对于永久、长期保存的案卷，行政人员还要填写备考表，用以说明卷内文件存在的问题，并注明立卷人姓名，以备参考。备考表附在卷末，不编章号，应在装订前填好。

（5）装订案卷。

行政人员在装订案卷时要注意如图5-17所示的事项。

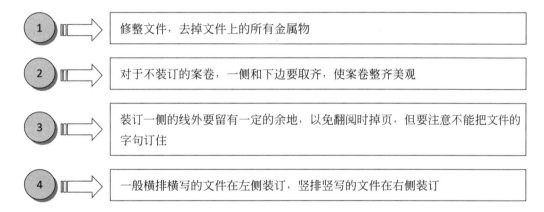

① 修整文件，去掉文件上的所有金属物

② 对于不装订的案卷，一侧和下边要取齐，使案卷整齐美观

③ 装订一侧的线外要留有一定的余地，以免翻阅时掉页，但要注意不能把文件的字句订住

④ 一般横排横写的文件在左侧装订，竖排竖写的文件在右侧装订

图5-17 装订案卷的注意事项

（6）填写案卷封面。

行政人员应工整地填写案卷封面，填写的项目包括单位名称、案卷标题、卷内文件起止日期、卷内文件张数、保管期限。

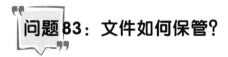

问题83：文件如何保管？

文件保管的目的是防止文件损毁。一般来说，文件保管的要求如图5-18所示。

1.做好防火工作

企业文件的制作材料大多是易燃物质，因而必须做好防火工作。企业一方面应配备性能良好、数量充足的消防器材，如灭火器、消火栓等；另一方面要建立严格的防火制

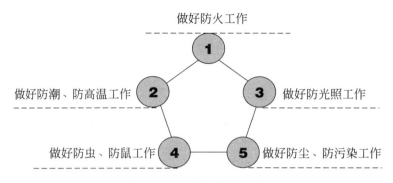

图5-18 文件保管的要求

度和消防器材的使用管理制度，如严禁在库房内吸烟和使用明火，定期对库房进行消防检查，消灭一切火灾隐患。

2.做好防潮、防高温工作

不适宜的温湿度一方面会对企业文件产生破坏作用，影响企业文件的使用寿命；另一方面会加大其他不利因素对企业文件的危害程度。因此，防潮、防高温，控制和调节温湿度对企业文件的保护具有重要作用。

一般库房的温度应控制在14～24℃，相对湿度应控制在45%～60%；对于保管特殊材质文件的库房，其温湿度应做特殊要求。

行政工作人员可从如图5-19所示的两方面控制和调节企业库房的温湿度。

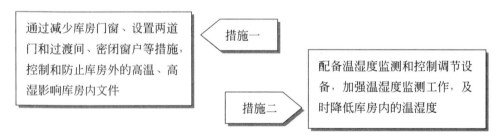

图5-19 控制和调节企业库房的温湿度的措施

3.做好防光照工作

光照对企业文件具有破坏作用，紫外线对文件的破坏性则更大。防光照的基本方法是尽量减少光照时间，避免阳光对企业文件的直接照射。为此，企业在建造库房时应采用窄窗设计，平时应少开窗，窗户玻璃最好为磨砂玻璃或花玻璃，也可以安装窗帘。相关人员应对库房内的灯光加以控制，灯上可加灯罩，无人时要及时关灯。

4.做好防虫、防鼠工作

防虫、防鼠工作的具体要求如图5-20所示。

有害昆虫对档案的危害相当大。在高温、潮湿的情况下，害虫繁殖得很快，直接威胁着企业文件的安全。所以，相关人员要严格控制好企业档案库房的温湿度，保持库房清洁

老鼠会对企业档案造成严重的损害。企业应禁止在库房内堆放食品及杂物，库房墙壁应坚固、平滑，档案柜架应与墙壁保持一定距离

图5-20 防虫、防鼠工作的具体要求

5.做好防尘、防污染工作

防尘、防污染工作的具体要求如图5-21所示。

灰尘的成分较复杂，其对企业文件的损害包括以下三个方面：一是物理性破坏，即导致企业文件的字迹模糊不清，损坏纸张纤维等；二是化学性破坏，即腐蚀企业文件；三是生物性破坏，即使企业文件携带各种霉菌

主要是指防治有害气体对企业文件的破坏。企业应保证库房远离污染源，并具备较好的封闭性。如果库房内的有害气体超过规定的标准，相关人员应及时通风换气

图5-21 防尘、防污染工作的具体要求

问题84：文件如何利用？

1.文件利用的基本要求

（1）行政人员必须熟悉行政部保存文件的情况，包括内容、范围、存放地点和作用等。

（2）行政人员应摸清本单位档案利用的规律，了解上司或各部门需要利用的文件内容和要求。

（3）行政人员应有计划、有重点地编制必要的检索工具和参考资料。

（4）行政人员应建立查阅制度，包括查阅手续，摘抄、复印范围，清点、核对手续，以及查阅注意事项等。

2.文件利用的方式

对于文件的利用，行政部可采取如下所述的方式。

（1）设立阅览室，方便文件阅览。

（2）文件可借出，供使用者暂时使用。

（3）文件可复制，以便使用者使用。

（4）根据档案内容编写综合资料，以便使用者使用。

3.检索工具的作用和种类

检索工具的作用和种类如下所述。

（1）揭示和介绍所存的全部或其中一部分文件，如案卷目录、卷内目录、重要文件目录等。

（2）揭示和介绍行政部所存的专题材料，如专题卡片、专题目录、专题介绍等。

（3）指明文件的存放地点和文件涉及的人名、地名，如存放地点索引，人名、地名索引等。

4.参考资料的种类

（1）大事记。大事记是指按时间顺序简要地记载一定时期重大活动的资料。

（2）组织沿革。组织沿革是指系统地记载一个组织、一个部门的变革情况的资料。其内容主要包括组织的成立和变动时间、部门设置、名称改变、地址变迁、职权范围和任务及其变化等。

第四周　电子文件管理

随着计算机技术和网络在企业管理中的普遍应用，电子文件成了企业业务活动中最直接的记录。电子文件作为一种数字化信息，从产生、处理、传递至整理、保管、利用，形成电子档案，不仅丰富了档案管理内容，也对行政经理提出了新的要求。

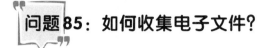

问题85：如何收集电子文件？

1.收集范围

凡是在公司管理中反映主要职能活动的文件，包括文书和业务工作形成的电子文件，以及相关的支持软件和数据等，都属于电子文件的收集范围。

2.收集要求

（1）公司电子文件的内容必须真实、准确。

（2）记录重要文件的主要修改过程和办理情况，有参考价值的电子文件及其电子版本的定稿均应当被保留。正式文件是纸质版本的，电子文件管理者应将纸质文件与数字化后的电子文件一同保存。

（3）凡是属于收集范围的电子文件，电子文件管理者均应进行登记，填写电子文件登记表（表5-8）。

表5-8　电子文件登记表

类别代码：　　　　　　　　　　　　　　　　　　　　　　　第　　页共　　页

序号	文书登记号	文件标题	稿本代码	档案号	备注（软硬件环境）

填表人：　　　　　　填表日期：　　　　　　审核人：　　　　　　审核日期：

（4）电子文件在形成和处理过程中，如需要改动，电子文件管理者应填写电子文件更改登记表（表5-9）。

表5-9　电子文件更改登记表

序号	电子文件名	更改单号	更改者	更改日期	备注

（5）电子文件管理者应定期（每季度）备份电子文件，并应将其存储在能够脱机保存的载体上。

（6）在收集电子文件时，电子文件管理者应该注明电子文件的存储格式及其软硬件环境。公司档案室应当保留各种通用格式电子文件的处理软件、资料及其软硬件环境。原则上相关人员应将电子文件转换成通用格式的电子文件，如不能转换，电子文件管理者在收集时应当连同专用软件一并收集。

（7）对于计算机系统运行和信息处理等过程中涉及的，与电子文件处理有关的参数、管理数据等，应将其与电子文件一同收集。

（8）套用统一模板的电子文件，在保证能恢复原形态的情况下，其内容信息可不套用模板进行存储，被套用的模板可作为电子文件的元数据保存。

（9）电子文件管理者在形成、接收电子文件时就要进行备份（一式三份）。

3.收集的电子文件类型

收集的电子文件类型如表5-10所示。

表5-10 收集的电子文件类型

序号	类型	说明
1	电子文件稿本	电子文件按其稿本分为草稿、定稿和正式电子文件
2	电子文件信息类型	（1）要收集的电子文件信息有文本文件、图像文件、图形文件、影像文件、声音文件、多媒体文件、超媒体链接文件、程序文件和数据库文件 （2）用专用软件产生的电子文件应转换成通用型电子文件，若不能转换，电子文件管理者在收集时应连同专用软件一并收集归档
3	电子文件载体类型	目前电子文件主要有移动硬盘、U盘、光盘、磁盘、磁带等载体类型

4.电子文件的登记

（1）电子文件管理者应在电子文件登记表中登记每一份电子文件。

（2）电子文件管理者应同时保存电子文件登记表及电子文件。

（3）电子文件稿本代码包括M——草稿性电子文件，U——定稿电子文件，F——正式电子文件。

（4）电子文件类别代码如图5-22所示。

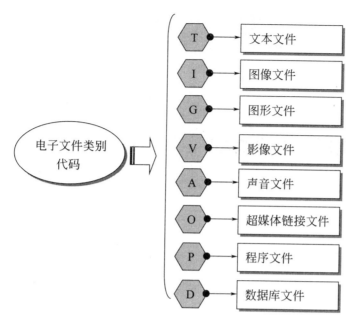

图5-22　电子文件类别代码

问题86：如何鉴定电子文件？

档案部门在将电子文件归档前应当对其进行鉴定，鉴定内容包括确定归档电子文件的真实性、完整性、有效性及电子文件的密级、归档范围和保管期限。

对于集中归档的电子文件，在归档前应当由文件形成部门按照规定的项目对电子文件的真实性、完整性和有效性进行检验，并由负责人签署审核意见，将检验和审核结果填入归档电子文件移交、接收检验登记表（表5-11）。

表5-11　归档电子文件移交、接收检验登记表

移交部门：　　　　　　　　　　　　经办人：

接收部门：　　　　　　　　　　　　经办人：

档案号或文书登记号	载体检验	病毒检验	真实性检验	完整性检验	有效性检验	技术方法及相关软件说明、资料检验

移交日期：　　　　　　　　审核人：　　　　　　　　审核日期：

对于电子文件保管期限和密级的划分，可参照公司纸质文件材料密级和保管期限的有关规定执行。电子文件的背景信息和元数据的保管期限应当与纸质文件信息的保管期限一致。

问题87：如何归档电子文件？

1.电子文件归档的要求

（1）电子文件管理者应按照纸质文件归档的相关规定对电子文件进行归档。

（2）在进行电子文件归档时，电子文件管理者应当对电子文件归档的基本技术条件进行检测，检测内容包括硬件环境的有效性、软件环境的有效性及其信息记录格式、有无病毒感染等。

（3）电子文件的归档应按照归档分类方案所设置的鉴定标识（归档分类代码）进行。

（4）电子文件管理者应在存储电子文件的载体或装具上贴上标签，注明载体序号、档案号、密级、存入日期等内容，应将归档后的电子文件载体设置成禁止写操作的状态。

（5）对于特殊格式的电子文件，电子文件管理者应当在存储载体的同时存储相应的查看软件。

（6）电子文件管理者应将相应的电子文件机读目录、相关软件以及其他说明等同时归档，并将电子文件的档案号录入电子文件登记表。

（7）对需要长期保存的电子文件，电子文件管理者应将机读目录与相应的电子文件存储在同一载体中，同时应当确保载体中存储的文件名与机读目录名称一致。

（8）归档完毕后，电子文件形成部门应当将归档前存储电子文件的载体保存1年。

（9）电子文件的著录应当参照《档案著录规则》进行，同时电子文件管理者应按照真实性、完整性和有效性的要求补充电子文件特有的著录项目和责任者、操作者、背景信息、元数据等其他标识，并按《归档文件整理规则》规定的格式打印纸质目录；同时要制作并打印归档后的封面，以方便查阅。

下面提供一份电子文件（归档）载体封面的范本，仅供参考。

【范本】▶▶ --

电子文件（归档）载体封面

载体编号：　　　　　　　　　　类别：

档案号：　　　　　　　　　　　套别：

内容：

地址：

编制单位：　　　　　　　　　　编制日期：

保管期限：　　　　　　　　　　密级：

文件格式：

2.电子文件归档的步骤

电子文件的归档可分两步进行，先对实时归档的电子文件做逻辑归档，然后每隔半年完成物理归档。

（1）逻辑归档。

具有稳定可靠的网络环境、有严密的安全管理措施以及对内容重要的电子文件制作纸质版本的部门，可以直接向档案室申请逻辑归档，其基本要求如图5-23所示。

要求一	电子文件归档操作由具体经办人完成，归档完毕的电子文件要注明标识
要求二	档案室要会同各部门设定归档电子文件的查询权限
要求三	网络管理人员要把归档电子文件的物理地址存放于指定的计算机服务器上，对服务器必须采取双机备份等可靠的备份措施
要求四	归档的电子文件要有该电子文件产生及运行过程的背景信息及元数据
要求五	局域网内部要有可靠的安全防范措施，在进行系统更新、数据转换时，操作人员要确保数据准确无误并能在新系统中运行
要求六	电子文件归档后，档案人员要及时清理计算机或网络上重复的电子文件
要求七	各部门更新设备时要及时做好数据向新设备的转换工作，并做好数据更新记录，将转换后的新数据交档案室归档

图5-23　逻辑归档的基本要求

（2）物理归档。

档案部门应每半年将已逻辑归档的电子文件分门别类地制作成光盘，并制作相应的归档电子文件登记表（一式两份），待各归档部门确认无误后双方签字，以实现物理归档。物理归档的基本要求如图5-24所示。

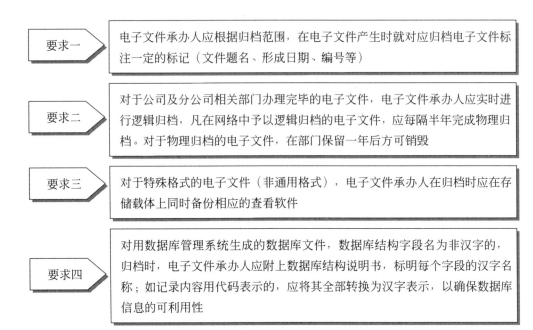

要求一　电子文件承办人应根据归档范围，在电子文件产生时就对应归档电子文件标注一定的标记（文件题名、形成日期、编号等）

要求二　对于公司及分公司相关部门办理完毕的电子文件，电子文件承办人应实时进行逻辑归档，凡在网络中予以逻辑归档的电子文件，应每隔半年完成物理归档。对于物理归档的电子文件，在部门保留一年后方可销毁

要求三　对于特殊格式的电子文件（非通用格式），电子文件承办人在归档时应在存储载体上同时备份相应的查看软件

要求四　对用数据库管理系统生成的数据库文件，数据库结构字段名为非汉字的，归档时，电子文件承办人应附上数据库结构说明书，标明每个字段的汉字名称；如记录内容用代码表示的，应将其全部转换为汉字表示，以确保数据库信息的可利用性

图5-24　物理归档的基本要求

推荐采用的载体，按优先顺序依次为只读光盘、U盘、移动硬盘。

问题88：如何保管电子文件？

1.保管条件要求

对于归档电子文件的保管，除应当符合纸质档案的要求外，还应当符合如图5-25所示的条件。

2.有效性保证

（1）在更新设备环境时，相关人员应当确认库存载体与新设备的兼容性；对于不兼容的，应当及时进行载体转换，原载体保留时间不少于3年。保留期满后，对于可擦写载体，擦除内容后可以重复使用；对于不可清除内容的载体，按保密要求处置。

（2）对磁性载体每满2年、光盘每满4年进行一次抽样机读检验，抽样率不得低于10%，如发现问题应当及时采取恢复措施。

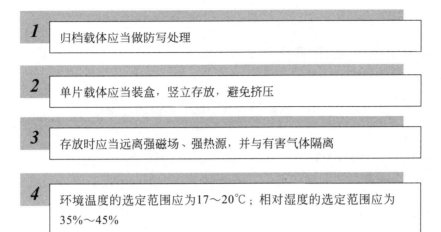

图5-25 保管电子文件的条件

（3）对磁性归档载体上的电子文件，应当每4年转存一次；原载体同时保留时间不得少于4年。

（4）档案室应当在检验完成后将结果填入归档电子文件管理登记表（表5-12）。

表5-12 归档电子文件管理登记表

序号	操作日期	操作人	设备检验	载体检验	兼容性检验	读取检验	转存

填表：　　　　　　填表日期：　　　　　　审核：　　　　　　审核日期：

问题89：如何利用电子文件？

企业应规定电子文件的利用要求。

（1）归档电子文件的封存载体不外借。未经审批同意，任何单位或者个人都不能擅自复制电子文件。

（2）对于电子文件的利用，相关人员应当使用电子文件的拷贝件。

（3）相关人员采用联网方式，使用具有保密要求的电子文件时，应当遵守国家或有关部门的保密规定。

（4）对电子文件的利用不得超出纸质文件规定的权限范围。

问题90：如何销毁电子文件？

归档电子文件的鉴定销毁，参照纸质档案鉴定销毁的规定执行，并且应当在办理审批手续后实施。

对于属于保密范围的归档电子文件，如其存储在不可擦除的载体上，相关人员应当连同存储载体一起销毁，并在网络中彻底清除；对于不属于保密范围的归档电子文件，相关人员可进行逻辑删除。

第六个月

总务后勤管理

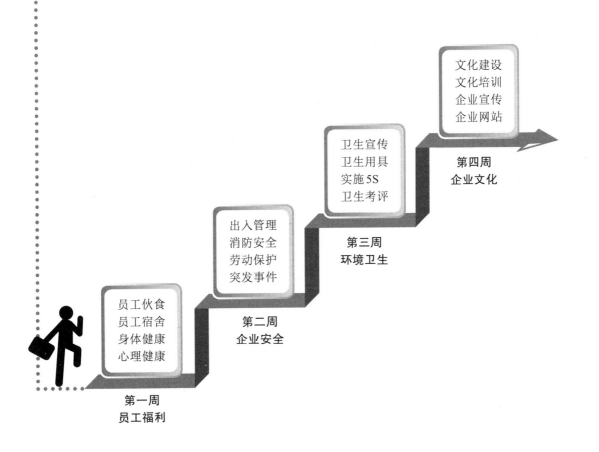

文化建设
文化培训
企业宣传
企业网站

第四周
企业文化

卫生宣传
卫生用具
实施5S
卫生考评

第三周
环境卫生

出入管理
消防安全
劳动保护
突发事件

第二周
企业安全

员工伙食
员工宿舍
身体健康
心理健康

第一周
员工福利

▼

第一周　员工福利管理

为了配合企业业务发展需要，必须建立具有吸引力和竞争性的福利体系，让员工吃得好、住得好，同时要关注员工的身体和心理健康。

问题91：如何做好员工伙食管理？

1.员工伙食补贴管理

行政部进行员工伙食管理的首要任务是解决好员工吃饭问题，只有让员工吃得满意，才能保证员工补贴的稳定性，提升员工的工作积极性。

目前，企业员工伙食的补贴方式有如下两种。

（1）给员工发放餐卡，将补贴打入卡内。

企业开办员工餐厅，可以福利的形式向员工发放伙食补贴。具体的形式是给每位员工发放一张餐卡，企业按月向卡内打入伙食补贴费，员工在餐厅直接刷卡消费。如卡内剩余金额不足，员工可在每日开饭时到伙食处用现金充值。如卡内有剩余金额，员工可在每年年底提现。

这个运行机制的一个关键点是餐厅的伙食价格与一般的餐馆基本持平，关键的区别在于，其管理较为严格，卫生条件更好。

（2）将伙食补贴直接拨给员工餐厅。

企业也可把伙食补贴直接拨给员工餐厅，然后要求餐厅保持低于市场价格的优惠价，以此为员工提供福利。

2.员工加班用餐管理

员工若需加班，应提前向行政部提出加班用餐申请，填写加班用餐申请表（表6-1）。员工加餐（加班用餐）管理工作的具体要求如下。

（1）行政部原则上在每日下班后不受理加班用餐申请。

（2）行政部受理加班用餐申请后，应马上计算出人数，并与餐厅联系。

（3）向各部门配发相应的餐券，作为领取餐食的凭证。

（4）加班员工应在指定时间凭餐券到餐厅取加班餐。

（5）餐券当日有效。

（6）餐券丢失、污损后不再补发。

（7）餐厅供餐时间为18:00～19:00。如遇特殊情况，部门负责人应事先与餐厅联系，协商供餐时间。

（8）行政部应汇总每日供餐份数，并于月底向总务部报告。

表6-1　加班用餐申请表

编号：　　　　　　　　　　　　　　　　　　　　　日期：____年___月___日

部门		□平时加班　□休息日加班　□法定日加班			
工作内容					
计划加班用餐时间及人员		___月___日___时至___月___日___时　共计：____小时			
部门经理		主管副总经理		生产总经理	
实际加班用餐时间及人员		___月___日___时至___月___日___时　共计：____小时			
		共___人			
部门核实		行政部核实			

制表人：　　　　　　　　　　　　　　审核人：

3.员工餐卡管理

现在很多企业都为员工办了餐卡，以便员工用餐。行政部应制定员工餐卡使用制度，规范员工餐卡管理工作。以下为××公司员工餐卡管理规定，供读者参考。

🔍【实例】▶▶▶ --

××公司员工餐卡管理规定

为了规范员工就餐，为员工提供良好的后勤保障服务，营造良好的就餐环境，特制定本制度。

1.行政部负责监督餐厅的日常管理工作。

2.餐卡的使用范围：公司员工在本公司餐厅购买饭菜。

3.超范围使用的处罚：若员工在餐厅消费饭菜以外的物品，每例处罚50元，餐厅外包人员每例处罚500元。

4.餐厅员工每人一张餐卡，不得转让，如发现有转让行为，则对当事人双方分别处以50～300元的罚款。

5.餐卡丢失或损坏后，应及时到行政部登记挂失，补办新卡。补卡费用由个人承担。每张卡工本费20元，交公司财务部，由财务部开具收据。

6.新员工入职后应到行政部办理员工餐卡，初次办卡不收取费用。

7.员工办理离职手续时应将餐卡退还行政部，不予退还的将扣工资50元。

8.行政部负责餐卡的充值工作，时间为每月1日、14日。

9.月餐费标准：早餐2元/人，中餐5元/人，晚餐5元/人，折算为每月360元/人。

10.公司每月给予员工伙食补贴，补贴标准如下。

（1）餐费每月每人超过360元（含360元），补贴120元/月。

（2）员工在餐厅就餐的花费为100～360元/月，按当月就餐消费总额的1/3予以补贴。

（3）餐厅就餐花费未满100元/月不予补贴。

11.新员工在办理入职手续时应同时办理餐卡，初次充值费用为100元/人。

12.公司每月为每位员工充值餐费360元。若不够消费，由本人提出申请，由人事行政部审批，但每月充值上限为450元/人。仍不够消费的个人必须用现金充值或者直接用现金消费。

4.餐厅外包服务商选择

餐厅的经营模式有自办餐厅和外包（托管）两种。现在，越来越多的企业选择将餐厅外包，承包人将全权负责餐厅的管理工作。行政经理在选择餐厅外包服务商时，要注意如表6-2所示的要点。

表6-2　选择餐厅外包服务商的要点

序号	要点	详细内容
1	经营管理	外包服务商是否有一套完整的厨务管理制度，对整个餐饮行业和本公司的经营运行情况是否有全面的了解及认识；管理者是否具备行业经验、专业管理知识，是否能较为全面地掌控厨房运行情况；工作人员是否都经过了严格的培训，是否有固定的作业标准
2	菜单制作	外包服务商是否能提前出具菜单；菜品是否营养均衡，菜色搭配是否合理；外包服务商能否以有限的成本制订最有价值的菜单
3	食材采购	外包服务商是否具备完善的采购作业管理程序和供应商管理程序
4	进料检验	外包服务商是否有严格的进料检验规范，以保证食材质量；是否有完善的检验手段和方法，以避免不良食品的进入；责任追溯体系是否完善
5	仓储管理	外包服务商是否有严格合理的仓储管理作业规范；物品是否严格按5S规范放置
6	初加工处理	外包服务商是否有完善的初加工处理作业程序以及严格的作业标准和要求

序号	要点	详细内容
7	烹调作业	员工是否具备丰富的餐饮从业经验，是否接受过严格的厨艺技能培训
8	巡回检验	外包服务商是否有严格的监控手段和程序，各个作业环节的责任是否明确，能否很好地改善影响质量的环节
9	成品菜肴	外包服务商是否有专业的营养师负责搭配菜肴，是否可按照客户的不同需求提供多种餐饮服务
10	服务规范及流程	外包服务商是否有整齐划一的服务模式及流程；员工着装是否统一，是否面带微笑；就餐环境是否温馨，能否激发员工的工作积极性
11	清洁处理	外包服务商是否有全面、深入的清洁处理流程和消毒措施
12	提供卫生许可证	外包服务商一定要提供卫生许可证，没有卫生许可证的服务商根本不具备营业资格，也就不必予以考虑

特别提示

　　选择外包后，行政部就可从繁杂的餐厅管理工作中脱身，仅负责检查餐厅承包人对相关法律法规、企业各级规章制度的执行情况，严把质量关。

5.开展卫生检查工作

　　行政部要定期开展卫生检查工作并将检查结果记录在餐厅卫生检查表（表6-3）中。

表6-3　餐厅卫生检查表

编号：　　　　　　　　　　　　　　　　　　　日期：＿＿＿年＿＿＿月＿＿＿日

序号	检查细则	等级			
		优	良	中	差
1	玻璃门窗及镜面干净、无裂痕				
2	窗框、工作台、桌椅无灰尘、污渍				
3	地板无碎屑、污渍				
4	墙面无污渍、破损				
5	盆景花卉无枯枝、黄叶				
6	墙面的装饰品无灰尘				
7	天花板完好				
8	天花板上无蜘蛛网				
9	通风口干净，能正常使用				
10	灯泡、灯管、灯罩干净完好				
11	吊灯完好				

续表

序号	检查细则	等级			
		优	良	中	差
12	餐厅内温度适宜				
13	餐厅通道上无障碍物				
14	餐桌和椅子干净完好				
15	菜单干净完好				
16	台布干净整齐				

制表人：   审核人：

6.开展伙食满意度调查

行政经理应定期开展员工伙食满意度调查工作，收集员工对餐厅伙食的意见，以便根据员工的意见督促餐厅改进工作。

下面提供一份某公司的员工伙食意见调查表的范本，仅供参考。

🔍【范本】▶▶ --

员工伙食意见调查表

各位员工：

为了更好地为大家提供优质的用餐服务，加强伙食管理工作，提高员工对伙食的满意度，特制作该调查表，请您花上几分钟时间，将合适的答案填在"（   ）"内。谢谢您的合作！

1.总体上，您对餐厅满意吗？（   ）

A.很满意   B.满意   C.一般   D.不满意   E.很不满意

2.您对餐厅的卫生状况满意吗？（   ）

A.非常满意   B.满意   C.一般   D.不满意   E.很不满意

3.您认为菜洗得干净吗？（   ）

A.干净   B.基本干净   C.不干净

4.您每餐能吃饱吗？（   ）

A.吃饱   B.吃不饱

5.您对餐厅饭菜的口味满意吗？（   ）

A.很满意   B.满意   C.一般   D.不满意

6.您认为餐厅饭菜的种类如何？（   ）

A.十分丰富   B.一般   C.太少

7.您觉得餐厅的饭菜新鲜吗？（　　　）

A.新鲜　　　　　B.一般　　　　　C.不新鲜

8.您对菜量满意吗？（　　　）

A.非常满意　　　B.满意　　　　C.一般　　　　D.不满意　　　E.很不满意

9.您觉得餐厅菜品的口味如何？（　　　）

A.偏油腻　　　　B.偏咸　　　　　C.偏淡　　　　D.过于清淡

10.您认为餐厅工作人员的服务态度如何？（　　　）

A.很好　　　　　B.还可以　　　　C.不好

11.您目前最关注下面哪个问题？（　　　）

A.餐厅的环境　　　　　　　　B.工作人员的服务态度

C.菜品的种类和味道

12.您对目前餐厅的总体印象是多少分？（　　　）

A.90～100　　　B.80～89　　　C.70～79　　　D.60～69　　　E.60以下

13.除此之外，若您还有其他意见或建议，请将您的意见或建议写在下面。

问题92：如何做好员工宿舍管理？

1.员工宿舍管理要点

（1）统一安排。

各宿舍要健全住宿登记制度，设置住宿员工一览表，住宿管理人员要准确掌握住宿员工的自然情况和房间安排情况，杜绝私自调换房间、床位和留宿他人的现象。

（2）完善住宿设施。

应设置总服务台和楼层服务台，安装电话，设置必要的盥洗间、茶炉间、理发室、电视室、阅览室、游艺室、小卖部、医务室、治保室等；房间采光、通风条件要好，有防晒、防暑、取暖设施，有充足的空间；尽可能提供钢架床、蚊帐、被褥等卧具，以及多用书架等家具和暖壶、茶杯、脸盆、提水桶等必要的用具。

（3）制定员工住宿管理办法。

明确规定入住员工宿舍的条件、迁入迁出应当履行的手续、房间及行装卧具分配的标准和办法、住宿守则等，经上级管理部门批准后，可张贴上墙，或人手一册，进行广泛宣传。

（4）及时准确地填报员工住宿月报表。

宿舍管理部门要及时做好统计分析，加快房间周转，提高房间床位的利用率。

（5）建立宿舍管理委员会。

管理委员会由宿舍管理部、员工所在部门有关领导和住宿员工代表组成。负责定期征询住宿员工和所在单位的意见，以便于改进住宿管理工作。

2.员工宿舍分配管理

员工宿舍分配管理的内容如下所述。

（1）企业中的每一位员工均有权申请入住员工宿舍。

（2）企业按主管级以上（含主管级）和主管级以下级别分别安排员工入住不同的宿舍区；宿舍的房间、床位按员工职务和"同部门同岗位集中安排"的原则予以分配。

（3）宿舍管理员于每月月底统计宿舍住宿情况，填写宿舍员工入住情况登记表（表6-4）。当员工入住情况发生变化时，宿舍管理员须及时做出相应的调整。

表6-4　宿舍员工入住情况登记表

编号：　　　　　　　　　　　　　　　　　　　日期：　　年　　月　　日

房号	可住人数	宿舍长	床位号	入住员工	所在部门	岗位	入住时间	备注
房号	可住人数	宿舍长	床位号	入住员工	所在部门	岗位	入住时间	备注

制表人：　　　　　　　　　　　　　　　　审核人：

3.新员工入住手续办理

（1）入住宿舍的新员工应持行政部签发的入职程序表到宿舍管理员处办理入住手续。

（2）宿舍管理员负责填写员工宿舍入住单（表6-5），之后将入住单交所在部门负责人签认，并报行政部经理审批。

（3）宿舍管理员应给新员工发放相应房间及衣柜钥匙，协助新员工入住。

（4）宿舍管理员应在员工宿舍入住单上注明新员工入住时间并签名。

表6-5　员工宿舍入住单

姓名		部门		房号		床号	
所在部门负责人意见							
		签名：　　　　　　　　　　　　___年___月___日					
行政部负责人意见							
		签名：　　　　　　　　　　　　___年___月___日					
宿舍主管		安排_____号房_____号床					
		签名：　　　　　　　　　　　　___年___月___日					
宿舍管理员		入住时间为___月___日___时					
		签名：　　　　　　　　　　　　___年___月___日					

4.在职员工入住手续办理

（1）企业可将在职员工办理入住手续的时间定为每周的周一和周四。如无特殊原因，其他时间原则上不予受理。

（2）在职员工应到宿舍管理员处领取并填写员工宿舍入住单，经所在部门负责人签名同意、注明职务后交给宿舍管理员，宿舍管理员核实后再将员工宿舍入住单交行政部负责人签批意见。

（3）对曾在宿舍住宿过的员工，宿舍管理员须查阅该员工过去的住宿记录（有无违反宿舍管理规定的行为）。对曾因多次违反住宿纪律被取消住宿资格的员工，宿舍管理员应拒绝受理其住宿申请，并将有关情况通知行政部负责人，由行政部负责人将意见反馈给员工所在部门的负责人。

（4）若在职员工符合入住条件，宿舍管理员可为其安排相应的宿舍或床位，并在员工宿舍入住单上签名。

（5）宿舍管理员还应在员工宿舍入住单上注明员工入住时间。

5.员工调房（床）管理

（1）调房（床）管理内容。

① 员工因职务、岗位发生变化或有其他特殊原因，可申请调房或调床。

② 企业可将员工办理调房（床）手续的时间定为每周的周一和周四。

（2）调房（床）程序。

① 符合调房（床）条件的员工应填写员工宿舍调房（床）申请单（表6-6），经所在部门负责人签字后交给宿舍管理员。

② 宿舍管理员将员工宿舍调房（床）申请单交行政部负责人审批，之后根据宿舍住房情况和员工的调房（床）条件，为申请调房（床）员工重新安排相应的宿舍或床位，并在员工宿舍调房（床）申请单上签字。

表6-6　员工宿舍调房（床）申请单

姓名		性别		部门		职务	
拟调出房号					床号		
申请调入房号					床号		
所在部门负责人意见		签名：　　　　　　　　　　　年　　月　　日					
行政部负责人意见		签名：　　　　　　　　　　　年　　月　　日					
宿舍主管		安排_____号房_____号床 签名：　　　　　　　　　　　年　　月　　日					
宿舍管理员签名		入住时间为____月___日___时 签名：　　　　　　　　　　　年　　月　　日					

6.员工宿舍钥匙管理

员工宿舍钥匙管理的具体内容如下所述。

（1）宿舍钥匙包括房间钥匙、衣柜钥匙、电视室钥匙、消防通道钥匙等。

（2）宿舍中的各种备用钥匙由行政部统一保管。员工如要借用，应到宿舍管理员处登记。

（3）在入住时，员工应到宿舍管理员处领取房间钥匙和衣柜钥匙。员工若丢失了房间钥匙或衣柜钥匙，则要到宿舍管理员处申请重新配置，费用自理。员工若在退房时未能交出房间钥匙和衣柜钥匙，行政部将按钥匙成本价收取相关费用。

（4）电视室钥匙、消防通道钥匙、天台钥匙由宿舍管理员保管，如丢失，重新配置费用由宿舍管理员自理。

7.员工宿舍物品管理

员工宿舍物品管理的具体内容如下所述。

（1）员工要科学地使用设备。若设备出现状况，员工应及时检修。空调和电视机等贵重物品要由专人管理。

（2）企业应加强库房管理工作，分类摆放物品，做到账物相符。

（3）企业应准确无误地给宿舍员工配发卧具等物品。

8.员工宿舍服务管理

（1）充分发挥人员和设施的作用。

企业应充分发挥现有人员和设施的作用，组织好常规性的服务活动，使住宿人员在宿舍楼内便可完成理发、洗澡、缝洗衣物、购买日用品、收发邮件、接待亲友等活动。

（2）丰富单身员工的业余生活。

企业应按时开放电视室、阅览室、游艺室；应每周举行小型文娱活动，每逢四大节日（元旦、春节、劳动节、国庆节）举办大型文体活动。

（3）提供服务项目。

企业应调查某些员工的特殊需要，开办新的服务项目。例如，为倒班的员工提供叫班服务，为少数民族员工代购用（食）品，代员工接待客人或传达客人留言等。

9.员工宿舍安全管理

（1）定期进行安全教育。

宿舍区的锅炉工、电气工应参加由行政部组织的安全技术培训，考核合格后才能上岗工作。

（2）严格遵守治安管理制度。

服务人员要严格遵守宿舍治安管理的各项制度，做好交接班记录；配合治安人员的工作，管理好宿舍秩序，禁止员工酗酒闹事、打架斗殴、聚众赌博。

（3）来访人员必须登记。

宿舍管理人员要做好来访人员登记工作，行政部要经常抽查宿舍人员来访登记表（表6-7）。

表6-7　宿舍人员来访登记表

编号：

来访人员姓名	性别	来访人员工作单位	前往楼层区域	事由	来访人员有效证件号码	来访时间	离开时间	记录人

制表人：　　　　　　　　　　　　　　　　审核人：

10.员工宿舍防盗管理

员工宿舍防盗管理如表6-8所示。

表6-8　员工宿舍防盗管理

体现方面	具体要求
宿舍管理人员方面	（1）宿舍管理人员要严格落实各项安全管理制度 （2）宿舍管理人员应加强责任意识，勤巡视、勤检查，并做好宿舍日检异常记录 （3）宿舍管理人员要能够有效识别外来人员
员工方面	（1）员工离开宿舍时要锁门 （2）员工要保管好自己的钥匙，不要借给他人 （3）员工不要在宿舍内放置现金和贵重物品 （4）员工不可让其他宿舍的人员进入本宿舍 （5）员工不可擅自留宿外来人员 （6）员工应对形迹可疑的陌生人提高警惕，并及时将可疑情况报告给宿舍管理员或宿舍门卫

11.员工宿舍消防管理

员工宿舍消防管理的具体内容如下所述。

（1）宿舍消防工作由宿舍管理员、宿舍长负责，由公司保安部监督。

（2）住宿员工应严格遵守消防安全制度，不可擅自挪用、移动、损坏消防设备。

（3）住宿员工应严格执行安全用电制度，不可乱拉电线、乱接电源、随意更换保险丝。

（4）住宿员工不能使用电炉、电饭煲、电热杯。

（5）任何人员均不得将易燃、易爆、有毒等危险物品带入员工宿舍楼。

（6）宿舍内严禁使用明火。

（7）宿舍内严禁吸烟。

（8）严禁在宿舍内或走廊内焚烧垃圾，以免污染环境或引起火灾。

（9）楼梯、过道和天台门等处应当畅通无阻。

12.员工宿舍卫生管理

员工宿舍卫生管理的具体内容如下所述。

（1）宿舍区卫生工作分为公共区域卫生工作和宿舍卫生工作两部分。其中，公共区域卫生工作由宿舍清洁工承担，宿舍卫生工作则由各房间的住宿员工轮流负责。

（2）住宿员工每天应整理好自己的内务；宿舍长每月编排每日清洁卫生值日表，住宿员工按值日表自觉轮流清扫宿舍。

（3）每间宿舍均应摆放一套清洁工具，供该宿舍员工使用，使用期限为半年。

（4）员工应自觉遵守公共卫生制度。

13.在职员工退房管理

在职员工退房管理的具体内容如下所述。

（1）申请退房的在职员工应填写在职员工退房单，然后将退房单交给所在部门负责人，负责人签署意见后，由宿舍管理员签名并注明退房时间。

（2）申请退房的员工应按时到宿舍收拾行李，将衣柜钥匙和房间钥匙交给宿舍管理员。宿舍管理员验收房间后，应在在职员工退房单上注明实际退房时间。

（3）申请退房的员工凭在职员工退房单将行李搬离宿舍；宿舍门卫收回在职员工退房单，注明离开时间后交给宿舍管理员。

（4）宿舍管理员将在职员工退房单存档。

14.离职员工退房管理

离职员工退房管理的具体内容如下所述。

（1）离职员工应持行政部签发的离职程序表，到宿舍管理员处办理退房手续。

（2）宿舍管理员应根据离职程序表的内容填写离职员工退房单并注明退房时间。

（3）离职员工应按时交还衣柜钥匙和房门钥匙。宿舍管理员验收房间后，在离职员工退房单上签名。

（4）离职员工凭员工宿舍物品放行条（表6-9）将行李搬离宿舍；宿舍门卫在员工宿舍物品放行条上注明搬离时间。

（5）宿舍管理员计算该员工当月水电费及其他费用，在离职程序表上注明扣款情况并签名。

表6-9　员工宿舍物品放行条

姓名		部门			备注	
有效时间	___年___月___日___时___分至___时___分					
所携物品			数量			
携往何处			作何用途			
行政部负责人	宿舍主管签名		宿舍管理员签名			
部门印章	宿舍值班门卫签名		放行时间			

注：本放行条有涂改痕迹及无行政部印章的无效。

15.员工住宿档案管理

员工住宿档案管理的具体内容如下所述。

（1）宿舍管理员将住宿员工按房号、部门等分类并填写和更新宿舍员工入住情况登记表。

（2）宿舍管理员将退房员工、退房类别、部门和房号等分别登记于宿舍员工退房登记表上（表6-10）。

表6-10　宿舍员工退房登记表

编号：　　　　　　　　　　　　　　　　　　　　　日期：＿＿＿年＿＿＿月＿＿＿日

序号	姓名	性别	部门	岗位	房号	退房类别	入住时间	退房时间	备注

制表人：　　　　　　　　　　　　　　审核人：

（3）在每月月底，宿舍管理员应将本月住宿情况汇总并制成员工宿舍月报表（月报表的内容包括宿舍员工入住登记、宿舍员工退房登记、每月宿舍员工的纪律情况、卫生检查评比情况、宿舍员工奖惩情况等）；在行政部经理签认后，呈送总经理。

（4）宿舍管理员应分类存放并每日整理、更新相关单据和资料。此外，企业还应备存一份电子文档。

16.员工住宿资格取消的管理

行政部要明确员工被取消住宿资格的原因，具体内容如下所述。

（1）在宿舍赌博、打麻将、斗殴、酗酒。

（2）经常打扰其他人员休息，屡劝不改。

（3）有偷窃行为。

（4）不服从管理员的管理。

（5）严重违反宿舍安全规定。

（6）擅自在宿舍内接待异性或留外人过夜。

（7）蓄意毁坏宿舍楼内的物品或设施。

（8）在无正当理由的情况下经常夜不归宿。

一旦员工被正式取消住宿资格，行政部应及时将取消员工住宿资格通知单（表6-11）发给员工并安排退宿工作。

表6-11　取消员工住宿资格通知单

编号：　　　　　　　　　　　　　　　　　　　　　　　　　日期：＿＿年＿＿月＿＿日

姓名		性别		房号		床号	
行政部	违纪事由： 　　　　　　　　　　宿舍管理员：　　　　　　　　　＿＿月＿＿日						
	经调查，情况属实。依照宿舍管理制度第＿＿条，取消该员工的住宿资格，请于＿＿月＿＿日前搬离宿舍 　　　　　　　　　　宿舍管理员：　　　　　　　　　＿＿月＿＿日						
	部门负责人审批：　　　　日期：＿＿年＿＿月＿＿日						
	已于＿＿月＿＿日＿＿时＿＿分办妥退宿手续 　　　　　　　　　　宿舍管理员：　　　　　　　　　＿＿月＿＿日						
门卫室	已于＿＿月＿＿日＿＿时＿＿分离开 　　　　　　　　　　值班门卫：　　　　　　　　　＿＿月＿＿日						

制表人：　　　　　　　　　　　　　　　　审核人：

17.开展宿舍检查工作

行政部应定期或不定期地开展员工宿舍检查工作，将检查内容及处理措施记录在表6-12中。

表6-12　员工宿舍检查表

编号：　　　　　　　　　　　　　　　　　　　　　　　　　日期：＿＿年＿＿月＿＿日

项目	检查结果	处理措施
一、室内布局		
1.床铺平整，无多余杂物，闹钟放在枕头右边；被子整齐，床单要拉直铺平		
2.将牙刷、牙膏放在漱口杯内，毛巾叠成方块状，漱口杯、毛巾、肥皂盒和洗发水一同放在洗漱盆内，洗漱盆放在下铺床底左边		
3.水杯应有序排列在桌面上		
4.每人限放三双鞋，应将其摆放于下铺床底右边。鞋跟朝外摆放并与洗漱盆对齐		
5.箱包均应搁置在下铺床底的左边并紧靠墙边缘		
6.门后正中间应张贴宿舍相关规定及值日表		
7.室内没有乱拉绳或钉钉子的现象，室内没有挂衣物、手袋等物品		

续表

项目	检查结果	处理措施
8.墙面上没有张贴物和涂抹痕迹		
9.桌子、衣柜按指定位置摆放，未移动		
二、室内卫生		
1.室内空气清新、无异味		
2.地面干净，无果皮纸屑、污迹和积水等		
3.墙面无灰尘、脚印和蜘蛛网		
4.门、窗、床、衣柜、桌子、电话机等清洁无灰尘		
5.灯架、灯管无灰尘、无污迹		
6.箱子、洗漱盆等个人日常用品无灰尘		
7.鞋干净、无异味		
8.床上用品干净、无污迹		
三、室内安全		
1.不准私接电源，不得违规使用电炉、电水壶等电器，不得使用明火		
2.妥善保管好自己的物品及个人钥匙		
3.不得私接电线、插线板，不得存放危险物品		

制表人：　　　　　　　　　　　　　　　　审核人：

问题93：如何做好员工身体健康管理？

健康管理是指对职工的健康状况进行定期检查并依据检查结果进行适当处置的过程，它是以尽早发现职工健康障碍为主要目的的。健康管理主要包括以下内容。

1. 建立健康检查制度

建立健康检查制度，分以下两种情况进行。

（1）对新入厂员工（包括因调动工作新上岗的员工）进行从事岗位工作前的健康检查，根据检查结果，对其从事该岗位工作的适宜性做出结论。

（2）对从事有害工种的职工，定期组织健康检查并建立健康档案。

2. 健康检查的事后处理

根据健康检查的结果，既能观察职工群体健康指标的变化，又可以对职工个体的健康状况逐一进行评价，并对其进行适当的健康指导和治疗。健康检查的事后处理应从医疗和工作安排两个方面同时展开，如要观察、要治疗、要调动、要进行工作限定等。

（1）当职工被确认患有职业病后，应根据职业病诊断机构的意见，安排其进行治疗或疗养。

（2）对在医治和疗养后被确认不宜继续从事原有害工种的职工，应在确认之日起的两个月内将其调离原工作岗位，另行安排工作。

问题94：如何做好员工心理健康管理？

一些员工相遇，脱口一句话就是："今天真郁闷。"还有的员工说："今天我心情不好，别理我，烦着呢"。员工情绪不佳等心理问题给企业造成的负面影响主要有：缺勤率、离职率、人际冲突增加，工作积极性和工作效率下降等。因此，员工心理问题已成为企业管理者面临的重要问题。采用以下方法可以积极地保护员工心理健康。

1.聘请专业人员评估员工心理状况，找出原因

由专业人员采用专业的心理健康评估方法评估员工心理现状，并找出健康问题产生的原因。心理健康是指个体在自我适应和社会适应过程中充分发挥个人的最大潜能，并妥善地处理和协调生理、心理及社会三方面的关系，进而表现出为社会所欢迎的行为和最大限度的精神上的快乐与振奋。

2.做好职业心理健康宣传

利用海报、自助卡、健康知识讲座等多种形式树立员工对心理健康的正确认识，鼓励员工遇到心理问题时要积极寻求帮助，而不是消极自闭。

3.减少外部压力源对员工的侵害，改善工作环境，对工作进行再设计

减少或消除导致员工心理健康问题的因素，设法建立一个积极的和健康的工作环境，一方面，改善工作的物理环境；另一方面，通过组织结构变革、领导力培训、团队建设、工作轮换、员工生涯规划等手段改善工作的软环境，丰富员工的工作内容，指明员工的发展方向。

4.开展员工和管理者培训

通过压力管理、挫折应对、心态调整等一系列培训，不仅帮助员工了解职业心理健康知识，掌握心理素质提高的基本方法，增强对心理问题的抵抗力；而且帮助管理者掌握员工心理管理的技术，在员工出现心理问题时，能够快速找到适当的解决方法。

5.组织多种形式的员工心理咨询活动

突破含蓄隐秘的传统处理方式，对于受心理问题困扰的员工，提供多种形式的心理辅导服务，如热线咨询、网上咨询、个人面询等，解决员工的困扰和烦恼，使员工能够保持较好的心理状态来面对生活和工作。

▼

第二周　企业安全管理

"安全生产重于泰山"，这句话耳熟能详，安全的重要性人人皆知，也是企业中所有人员都要关注的事，作为行政部经理，更是要把安全放在首位，要从行政的角度来抓安全。

问题95：如何做好出入管理？

在进入公司（厂区）的门口设立保安岗亭，严格出入管理。

1.员工出入

（1）员工需佩戴工作证进入公司。

（2）员工未佩戴工作证时，保安人员查明身份及履行登记手续后方可放行。

（3）员工上下班，须打出勤卡或退勤卡进出。

（4）员工应在上班时间内进入生产区域，节假日或下班后禁止员工进入生产区。

（5）因公加班需在休息时间进入生产区者，应提供公司主管签署的证明材料。

（6）员工夜间加班或节假日加班时，出入也须遵守以上规定。

（7）员工陪同亲友进入公司时，也须办理登记手续。

（8）分公司员工和协作公司员工进入本公司时，也须办理登记手续。

2.来宾出入

（1）来宾访客（包括协作公司人员、分公司人员、员工亲友等）进入公司时，一律在传达室办理来宾出入登记手续，交押身份证或其他证明文件，并说明来访事由，征得受访人员同意及填写如表6-13所示的"会客登记单"后，领取"来宾识别证"，并持"会客登记单"第二联进入公司。

表6-13　会客登记单

来客姓名		性别	
工作单位			
被访人		岗位	
来访事由			
车辆号码			
会客时间		___月___日___时___分～___月___日___时___分	
门卫值班员		被访人签名	
其他事项			

（2）来宾应将"来宾识别证"佩挂胸前，受访者需在"会客登记单"上签字，来宾将"来宾识别证"及"会客登记单"交还给传达室查验后，才可拿回证件。

（3）团体来宾参观时，由有关部门陪同方可进入。

（4）协作公司人员频繁出入生产区的，由有关部门申请识别证，协作公司人员凭识别证出入公司。没有识别证的，必须办理登记手续。

（5）来宾出入生产区时，保安人员须检查其随身携带的物品，严禁携带危险物品进入。

（6）严禁外界推销人员或小贩进入公司内。

3.车辆出入

（1）机动车驶进大门后，应整齐停放在停车场。

（2）运送货品的机动车辆可慢行进入生产区卸货。载物品出公司者也一样。

（3）车辆进入时，应接受检查及办理入公司手续，停靠在指定位置。

（4）车辆出公司时，无论是外单位公务人员还是员工车辆均应停车接受检查，若载有物品，需凭如表6-14所示的"物品放行单"出公司。没有"物品放行单"的，不得载运任何物品出公司（含私人物品）。

（5）本公司车辆出公司时，需凭如表6-15所示的"派车单"出行。

表6-14　物品放行单

物品名称		数量			
携出人姓名（或厂商名）		携出时间	月　日　时　分		
携出理由					
备注		管理部保安登记			
厂部主管		科长	组长	申请人	部
					组

表6-15　派车单

事由							单位	
用车时间	自　　年　　月　　日　　时　　分开出 至　　年　　月　　日　　时　　分返回							
车号						驾驶人		
备注								
厂部主管		科长		组长			申请人	

（6）保安人员每天将"派车单"送公司行政部备查。

4.物品出入

（1）任何物品（包括成品、材料、废料、员工私人物品、工具等），出公司时均应办理"物品放行单"。

（2）保安人员应仔细核对"物品放行单"的记载是否与实物相符。

（3）"物品放行单"由有关部门填写后送行政部核批。

（4）工程承包者、协作企业及其他业务往来企业或个人携带工具、机器、物品等，进公司时先行登记，出公司时凭"物品放行单"出行。

（5）物品进公司时，保安人员需详细检查，如有危险品、易燃品、凶器等，禁止进公司并报告上级处理。

（6）保安人员每天需将"物品放行单"送行政部备查。

问题96：如何做好消防安全管理？

1.消防安全管理要点

行政部应充分掌握消防安全管理要点，以便有效地开展消防工作。消防安全管理要点如图6-1所示。

2.配备基本消防设施

企业应配备一些基本的消防设施，具体内容如下所述。

（1）室内消火栓。

（2）室外消火栓（消防车紧急供水，任何人不得私自动用）。

（3）灭火器（手提式、推车式、悬挂式）。

（4）防毒面具、应急电筒（应急使用）。

（5）安全出口指示灯。

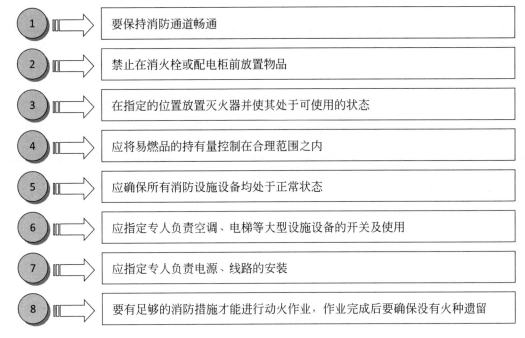

图6-1　消防安全管理要点

（6）烟感、温感报警器。

（7）应急照明灯（壁挂式）。

（8）火警手动报警器。

（9）事故广播。

（10）禁止标志。

（11）消防服、隔热服。

（12）消防宣传栏。

3.消防器材定位与标识

企业平时用到消火栓、灭火器的机会比较少，因而很容易忽视它们。行政部应对这些消防器材进行定位和标识，以备不时之需，具体内容如表6-16所示。

表6-16　消防器材的定位与标识

序号	内容	具体说明
1	定位	企业应将灭火器等消防器材放在固定场所。当有意外发生时，要确保人们能立即找到灭火器。当灭火器悬挂于墙壁上时，若其质量超过18千克，则与地面的距离应低于1米；若其质量在18千克以下，则与地面的距离不得超过1.5米
2	环境要求	企业内的消防器材如果常被其他物品遮住，势必会耽误取用，所以企业要严格规定禁止在消防设备周围放置任何物品
3	标识	消防器材前面一定范围要保持畅通，以免妨碍取用。企业可在消防器材前面设置安全区，并画上"老虎线"，提醒大家共同遵守安全规则

续表

序号	内容	具体说明
4	操作说明	人们只有在非常紧急的时刻才会用到消防器材，那时难免会慌乱，甚至会忘记如何使用这些消防器材。所以，行政部最好在消防器材的旁边贴上一张放大的简易操作步骤说明图，让所有人都能清晰地看到
5	换药日期	灭火器内的药剂有有效期限，企业一定要按时更换药剂，确保灭火器的可用性。行政部应把灭火器的下一次换药日期明确地标示在灭火器上

4.经常开展消防检查工作

企业要经常对消防设备和消防器材进行维修保养，使之处于良好的使用状态。行政部要派专人负责查看消防设施是否齐全、完好，并治理安全隐患。

消防设备巡查的内容及频次如表6-17所示。

表6-17　消防设备巡查的内容及频次

消防设备	巡查内容及频次
烟、温感报警系统	（1）每周对区域内报警器、集中报警器进行巡视检查，查看电源是否正常，各按钮是否处于正常状态 （2）每日检查一次各报警器的内部接线端是否松动，主干线路、信号线路有无破损，并对20%的烟、温感探测器进行抽查测验 （3）每半年对烟、温感探测器逐个进行一次保养，包括擦洗灰尘，检查探测器底座是否牢固，并逐个进行吹烟试验 （4）一般场所每三年、污染场所每年进行一次全面维修保养，主要项目包括清洗吸烟室（罩）集成线路，检查相关设备是否完好等
防火卷帘门系统	（1）每半月检查一次电气线路、元件是否正常并清扫灰尘 （2）每月检查一次电气元件线路有无异常现象，绝缘效果是否良好 （3）每季度对机械元件进行一次保养检查、除锈、加油及密封
送风系统	（1）每周巡视检查各层消防通道内及消防电梯前大厅加压风口是否正常 （2）每周巡视检查各风机控制线路是否正常，进行实地及遥控启动试验，打扫机房及风机表面灰尘 （3）每月维护保养一次送风系统，检查电气元件是否损坏或松动、清扫电气元件上的灰尘并给风机轴承加油等
排烟系统	（1）每周巡视检查各层排烟阀、窗、电源是否正常，有无异常现象；同时对各排烟风机的控制线路进行检查，进行实地启动试验，打扫机房及排风机表面灰尘 （2）每月进行一次维护保养，检查电气元件是否损坏或松动，为排烟机轴承及排烟阀机械部分加油，打扫机房；同时，对50%的楼层实施自动控制试验

续表

消防设备	巡查内容及频次
消火栓系统	（1）每周巡视检查各层消火栓、水龙带、水枪头、报警按钮等是否完好无缺，各供水泵、电源是否正常，各电气元件是否完好无损 （2）每月检查一次各阀门是否灵活，并进行除锈加油；检查水泵是否良好，对水泵表面进行除尘，并给轴承加油；检查电气控制部分是否处于良好状态，同时按照设计原理进行全面试验 （3）在每月检查的基础上每季度对水泵进行一次中修保养，检查电动机的绝缘性是否良好
喷淋系统	（1）每周巡视检查管内水压是否正常，各供水泵电源是否正常，各电气元件是否完好无损，喷淋系统处于应用状态 （2）每月巡视检查喷淋头有无漏水及其他异常现象，检查各阀门是否完好并加油保养；同时逐层放水，检查水流指示器的报警功能是否正常、水位开关是否灵敏 （3）将供水泵月保养、季度中修等与消火栓水泵检修配合进行
应急广播系统	（1）每周检查应急广播系统的主机、电源信号及控制信号是否正常，各控制开关是否处于正常位置，有无损坏和异常现象；及时清洗主机上的灰尘 （2）在每月的试验过程中，检查切换机是否能正常切换；检查麦克风是否正常，并定期清洗磁头 （3）检查楼层的喇叭是否正常，并清除喇叭上的灰尘 （4）进行试播放

5. 及时整改消防隐患

行政部在消防检查工作中若发现设备、设施存在异常，或存在其他违反消防安全规定的问题，要立即查明原因，及时下发消防检查整改通知书（表6-18），并采取措施进行处理，不能拖延。

表6-18 消防检查整改通知书

编号：　　　　　　　　　　　　　　　　　　检查日期：　　年　　月　　日

收件单位		房号		联系人		电话	
发件单位		房号		联系人		电话	
消防检查异常情况描述	检查人：						
整改期限	检查人：						
整改要点	整改人：						
整改验收	验收人：						

6.定期开展消防演习

为了强化员工的消防安全意识，提高员工火灾防控能力和突发事件应急救援能力，行政部可定期组织应急疏散演练及消防安全知识培训。消防安全知识培训的内容如下。

（1）火灾的性质与发展阶段。

① 火灾的性质。在发生火灾时，人们首先要弄清楚是电起火还是由其他物质引起的火灾，若为电起火，一定要先切断电源，然后展开扑救。室内火灾具有如图6-2所示的三个特点。

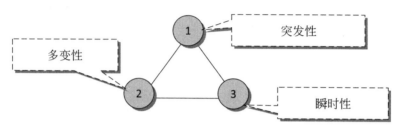

图6-2　室内火灾的特点

② 火灾发展的四个阶段：初起、发展、猛烈、熄灭。

（2）灭火的方法。

灭火的方法包括冷却法、窒息法、隔离法、抑制法等。

（3）了解各种灭火器（手提式、推车式）的使用方法。

灭火器分为干粉灭火器、泡沫灭火器、二氧化碳灭火器、1211灭火器等，行政部要训练员工掌握各类型灭火器的操作方法。

（4）"三级教育""四懂""三会""四利用""五不要"。

对于预防和应对火灾，企业全员应掌握的消防知识如图6-3所示。

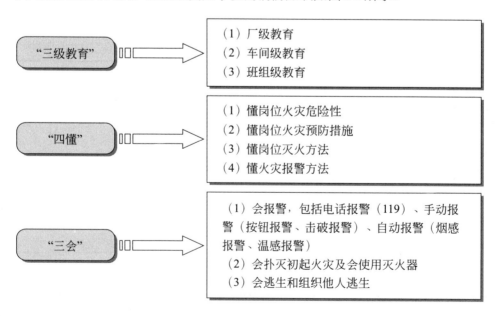

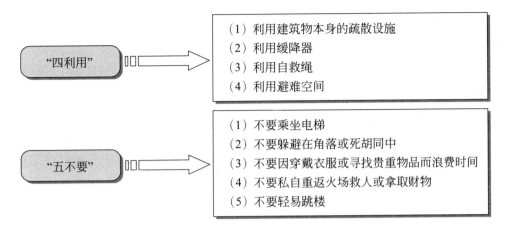

图6-3　企业全员应掌握的消防知识

7.做好消防档案管理工作

消防档案是记载企业内的消防重点以及消防安全工作基本情况的文书档案，行政部应建立消防档案。消防档案的内容如表6-19所示。

表6-19　消防档案的内容

序号	内容	具体说明
1	消防设施档案	消防设施档案的内容包括消防通道畅通情况、消火栓完好情况、消防水池的储水情况、灭火器的放置位置是否合理、消防器材的数量及布置是否合理、消防设施更新记录等
2	防火档案	防火档案包括消防负责人及管理人员名单、区域平面图、建筑结构图、交通和水源情况、消防管理制度、火险隐患、消防设备状况、重点消防部位、前期消防工作概况等

行政部应将以上内容详细地记录在消防档案中，以备查阅；同时，还应定期研究消防档案记载的前期消防工作概况，不断提高消防管理水平。

问题97：如何做好劳动保护？

劳动保护指的是在生产过程中，为保证员工的安全与健康、改善劳动条件、防止职业病和工伤事故所采取的一系列措施。在此主要介绍行政部对劳保用品的管理。

1.劳保用品的配备

（1）行政部应根据工作的需要，为员工配备相应的日常劳保用品，并备有一定的库存，以确保及时更换。

（2）非日常工作所需的特殊劳保用品也必须配备。

（3）须组织培训，使员工能熟练掌握劳保用品的相关用途。

（4）一些低值易耗的物品要确保充足，一些可长久使用的物品要确保有一定的库存。所有个人的用品必须加以标示。

2.穿戴劳保用品的强制执行措施

（1）在特定的区域必须穿戴劳保用品以完成特定的任务，任何违反规定者都将受到纪律处分。

（2）如果用劳保用品来做一些不合法的或违反劳保用品本身用途的行为，同样要受到纪律处罚。

3.对不同区域须佩戴的劳保用品作出规定

企业应根据实际情况对哪些区域应该佩戴哪些劳保用品作出明确的规定，如表6-20所示。

表6-20　不同区域须佩戴的劳保用品

区域	类别							
	安全帽	安全鞋	安全眼镜	安全护目镜	连体工作服	实验服	耳塞	防毒面具/防尘口罩
车间	√	√	√	特殊工作	√	×	特殊工作	特殊工作
办公楼与工厂之间	√	*	√	×	×	×	×	×
实验室	×	×	√	特殊工作	×	√	特殊工作	特殊工作
模具车间	×	×	√	×	×	×	√	√
控制室/办公室	×	×	×	×	×	×	×	×

注：1."√"指强制要求的；"×"指不要求的；"*"指不要求但是被推荐的。

　　2.参观者同样要佩戴相应的劳保用品，如在特殊的场合同样需要焊工帽、安全眼镜、防护服等。

4.制定劳保用品的领用标准

也就是说要根据不同的工作人员，对劳保用品的数量及更换时间做出规定，某企业生产操作工劳保用品数量及更换要求如表6-21所示。某企业维修工人的劳保用品配备标准如表6-22所示。

表6-21 某企业生产操作工劳保用品数量及更换要求

劳保用品名称	数量	更换
连体工作服/夹克/裤子	3	根据需要
衬衫	3	根据需要
安全帽	1	至少每三年
安全鞋	1	至少每两年
眼镜	1	根据需要
护目镜	1	根据需要
雨衣	1	根据需要
防毒面具	1	根据使用期限
护耳器	1	根据设备要求

表6-22 某企业维修工人的劳保用品配备标准

劳保用品名称	数量	更换
连体工作服	2	根据需要
夹克/裤子/衬衫	1	根据需要
安全帽	1	至少每三年
安全鞋	1	至少每两年
眼镜	1	根据需要
护目镜	1	根据需要
雨衣	1	根据需要
防毒面具	1	根据工作需要
护耳器	1	根据设备要求

问题98：如何处理突发事件?

1.突发事件的类别

突发事件的类别如图6-4所示。

2.突发事件的危害

突发事件的危害主要体现在如表6-23所示的几个方面。

3.建立突发事件应急预案体系

突发事件应急预案体系包括表6-24所示的三个方面的内容。

图6-4 突发事件的类别

表6-23 突发事件的危害

序号	主要危害	具体说明
1	影响企业市场营销战略的整体运作	企业的市场营销是一个整体行为：从营销战略的制定到销售网点的选择，从广告宣传模式到营销实施程序，都有严谨的设计。一旦发生突发事件，就会破坏市场营销战略的整体运作，可能会使市场活动瞬间坠入无序状态
2	损害企业信誉	突发事件一旦曝光，企业的信誉便会受到损害，公众可能因此而拒绝企业提供的产品和服务，从而大大影响企业的销售和市场活动
3	破坏企业形象	突发事件对企业形象的破坏较大。企业形象是企业市场竞争力和公众吸引力的重要组成部分，是企业最重要的无形资产。一旦遭遇突发事件，企业千辛万苦塑造的形象很有可能毁于一旦

表6-24 突发事件应急预案体系

序号	预案	具体内容
1	总体应急预案	总体应急预案由行政部负责制定，是企业应急预案体系的总纲，是企业应对突发事件的规范性文件
2	专项应急预案	专项应急预案由行政部会同相关职能部门制定，是企业及相关部门为应对某一类型或某几种类型突发事件而制定的涉及多个部门职责的应急预案
3	单项活动应急预案	单项活动应急预案是指较大规模的会议、集体活动的安全应急预案，按照"谁主办、谁负责"的原则，由组织部门或单位负责制定和落实

4.建立突发事件管理机构

（1）领导机构及职责。

企业总经理是突发事件应急管理工作的最高指挥官，负责企业特别重大、重大和较重大突发事件的应急管理工作。

（2）常设管理机构及职责。

企业应急工作的常设管理机构是行政部，负责企业各项安全制度、突发事件应急预案的制定与落实等工作。

5.突发事件预测、预警

行政部要健全和完善公司对突发事件的预测、预警机制，加强对监测工作的指导、管理和监督，明确监测信息报送渠道、时限、程序；对可能发生突发事件的时间、地点、范围、程度、危害及趋势做出预测。

各相关部门要针对各种可能发生的突发事件开展风险分析，防患于未然，做到早发现、早报告、早处置。

6.突发事件处理流程

突发事件处理流程如图6-5所示。

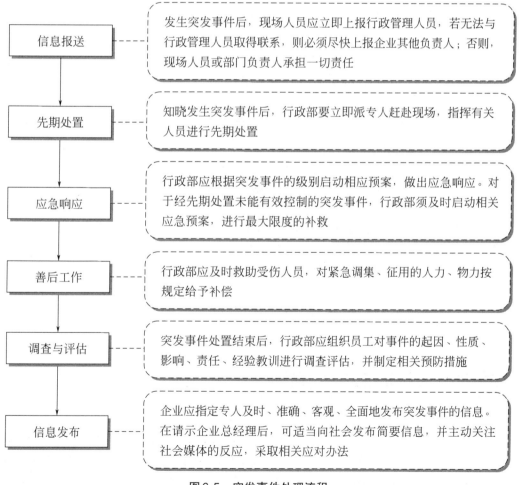

图6-5　突发事件处理流程

第三周 环境卫生管理

企业须建立健全一系列环境卫生管理制度，并建立责任制，将环境卫生管理落实到部门、落实到个人，并定期检查、评比。

问题99：如何做好卫生宣传？

定期有目的地进行卫生宣传，可使企业的每一名员工都充分认识到卫生管理的重要性和必要性，掌握必要的卫生管理知识，养成科学卫生的生活习惯。在卫生管理方面，要做到如图6-6所示的要点。

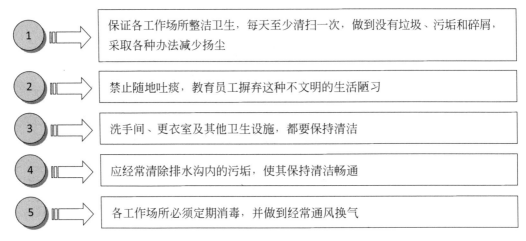

1. 保证各工作场所整洁卫生，每天至少清扫一次，做到没有垃圾、污垢和碎屑，采取各种办法减少扬尘

2. 禁止随地吐痰，教育员工摒弃这种不文明的生活陋习

3. 洗手间、更衣室及其他卫生设施，都要保持清洁

4. 应经常清除排水沟内的污垢，使其保持清洁畅通

5. 各工作场所必须定期消毒，并做到经常通风换气

图6-6 做好卫生管理的要点

问题100：如何配备卫生用具？

为保持良好的工作环境，应在工作场所放置清扫工具，废弃物和垃圾应放于指定地点。作为应急措施，在作业现场和工作场所都要配备必要的急救用品、卫生维护用具，且要定期检查，及时予以更换和补充。

问题101：如何划分责任区？

1.办公区

办公区工作环境的美化、清洁及整理、整顿作业，可以反映企业的精神风貌。它不仅可以给外来贵宾、客户及参观者留下良好的印象，更主要的是在一个清洁、整齐、优美、完善的环境中工作，员工的安全才能得到保障。这项工作一般由行政部负责管理。

2.生产场所

生产场所包括各仓库、生产车间及其楼梯、走道、卫生间、饮水间，其卫生管理应设专职清洁人员来负责。

3.宿舍区

宿舍区环境卫生管理范围为公用楼梯间、走廊通道、公用厕所、水沟、宿舍室内、阳台等。室内和阳台卫生一般由住宿员工自行负责，其他地方设专职清洁人员打扫。

4.餐厅区

餐厅内的卫生一般由餐厅工作人员负责。企业专职清洁人员一般不打扫餐厅内的卫生，只负责餐厅外围，如水沟、走廊的清洁工作。

5.娱乐场所

有些企业为了解决员工下班后的业余文化生活问题，建立了一些内部的休闲场所。这些场所的清洁作业，一般由娱乐场所的工作人员负责。

6.福利社区

福利社区的环境卫生与宿舍的环境卫生管理相同，如医务室、小卖部、理发室等的室内卫生由福利社区的工作人员自行负责。原则上，走廊、水沟的清洁工作可由清洁人员负责。

问题102：如何实施5S活动？

企业环境卫生的管理是一项由企业行政部推动、全员参与的活动，其内容不仅局限于环境卫生上，还应该包括良好工作习惯的养成、用品工具的规范摆放等，目的是使企业内的每一个员工都养成规律的、科学的工作习惯，打造整齐、清洁的工作环境。其中，5S活动就是一个很好的管理方法。

1. 整理

整理就是将杂乱无章的部分加以收拾、分类、清理等。如对个人部分的桌面、桌底、抽屉、橱柜以及公用部分的储藏室、会议室、档案室、洗手间、饮水间、复印室、仓库等，都应逐一收拾、清理，把不需要的、过时的、作废的、破损的资料、档案、书籍、杂志、手册、物品、文具等清理出来，该丢弃的丢弃，该变卖的变卖，该撕毁（用碎纸机）的撕毁，把空间腾出来。

2. 整顿

把空间重新分配并给予系统化、规律化、固定化。例如，办公室摆设规定如下。

（1）电话放在桌面的左前方，正前方则放台历及印台，左中前方放置茶杯，主管级右前方放置文件台。

（2）下班后桌面应清理干净。

（3）桌面有玻璃垫的，左方压放企业内部电话分机阅览表，右方放置个人年度或月份备忘录，其他资料和个人照片不得放入。

（4）文具等放在抽屉内，不得有笔筒或回形针盒等留置桌面。常用文卷、档案（个人用）应放在办公桌抽屉内。不常用的文卷、资料可放在档案柜内，应分类放置，并加标签，注明档案名称，以方便查找。

（5）废纸篓应放在桌下，除废纸外，不得放其他（如废文具、茶渣等）垃圾。在洗手间或饮水间内放置大型垃圾桶，供员工丢弃垃圾用。

（6）大衣、外套、雨衣、雨伞等物品，应由行政部安排空间放置，不得随处挂放。

（7）铁柜、长形矮柜上，不得任意放置物品。

（8）尚未使用的空白表单、计算机报表等，应分别放置在柜内。个人计算机在下班或不使用时，应关闭电源。

（9）办公室内的桌、椅、柜、盆景等摆设如要变动，应与行政部共同研究，整体规划，不得由个人或某一部门私自移动。

（10）个人的钥匙由自己保管，主管应留存备用钥匙。行政部负责保管所有门、室、柜、办公桌的钥匙。

3. 清扫

如果说整理是针对"乱"，那么清扫则是清除"脏"。办公环境中的垃圾区、卫生间等都是藏污的地方，如果不常清扫，将会严重影响办公环境。

4.清洁

清洁主要包括以下两个方面。

（1）维持整理、整顿、清扫后的成果，并坚持下去。

（2）寻找脏乱的原因，杜绝脏乱的源头。

5.素养

5S最后的目的就是要让大家养成良好的工作和生活习惯，有了好的习惯，自然不会出现脏乱问题，如下所示。

（1）物归原位。工具、文具、档案、资料用完后放回原位，将来需要时则不会找不到，不要乱丢废弃物。

（2）开完会议随手将纸、杯带走，将椅子摆放整齐。

（3）印错、作废的复印件放置在固定纸箱内，可供行政部再利用。

（4）饮水机上不要放置其他杂物……

在这些细小的环节，如果能养成好习惯，自然会保持清洁、整齐的工作环境。

问题103：如何开展卫生检查与考评？

由行政部、其他各部门主管组成的环境卫生管理委员会负责卫生的检查与考评工作。同时，要制作相关的表格（表6-25～表6-28），以便检查和考评各部门责任范围内的环境卫生。

表6-25　公司卫生情况检查表

＿＿＿年＿＿＿月＿＿＿日

检查内容		检查结果						备注
全面检查	墙壁							
	地面							
	门窗							
	设备							
	管辖区域							
重点检查	卫生间							
	浴室							
	库房							
	餐厅							
	环境							

注：此表一式两份，办公室和行政部各存一份。符合要求划"√"，不符合要求划"×"。对不合格项目，由检查部门下发整改通知单，限期整改。

表6-26　行政部卫生状况检查表

检查项目	良好	一般	较差	事实描述	改善事项
茶杯					
烟灰缸					
门					
窗					
地板					
楼道					
洗手间					
其他					

主管：　　　　　　　　　　　　　　　　　　　检查人：

表6-27　办公环境状况检查表

检查项目	良好	一般	较差	事实描述	改善事项
办公桌面					
桌椅					
电话					
办公用具					
其他					

主管：　　　　　　　　　　　　　　　　　　　检查人：

表6-28　清洁卫生评分表

评分部门：　　　　评分员：　　　　日期：　　　　时间：			
评分项目	最高分数/分	评分	备注
一般安全	15		
消防器具	10		
走道通路	15		
工作区域卫生	15		
设备维护状况	15		
办公桌椅摆放及办公室环境	15		
环境整洁度	15		
建议及评语			

第四周　企业文化建设

在企业发展的过程中，企业文化建设已经成为企业行政管理工作的一个重要内容。行政经理应该从科学的角度，对企业文化建设的重要性进行合理分析，并且引入行之有效的文化建设机制和手段，让企业的发展能够具备一个良好的环境和氛围。

问题104：企业文化建设包含哪些内容？

企业文化建设主要包括如图6-7所示四个层次的内容。

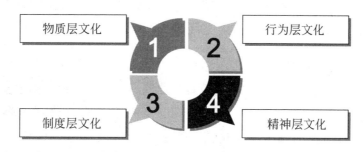

图6-7　企业文化建设的内容

1.物质层文化

物质层文化是产品和各种物质设施等构成的器物文化，是一种以物质形态表现的表层文化。

企业生产的产品和提供的服务是企业生产经营的成果，是物质文化的首要内容。同时，企业的生产环境、企业建筑、企业广告、产品包装与设计等也是构成企业物质文化的重要内容。

2.行为层文化

行为层文化是指员工在生产经营及学习娱乐活动中产生的活动文化，也是企业在经营、教育宣传、人际关系活动、文娱体育活动中产生的文化现象，具体包括企业行为规范、企业人际关系规范和服务行为规范，如图6-8所示。

1 企业行为规范

企业行为规范是指围绕企业自身目标、企业的社会责任、保护消费者的利益等方面所形成的基本行为规范。从人员结构上划分，企业行为规范包括企业家行为、企业模范人物行为和员工行为等

2 企业人际关系规范

企业人际关系分为对内关系与对外关系两部分。其中，对外关系主要是指企业在经营过程中面对不同的社会阶层、市场环境、国家机关、文化传播机构、主管部门、消费者、经销者、股东、金融机构、同行竞争者等所形成的关系。对外关系规范是企业人际关系规范最重要的组成部分

3 服务行为规范

服务行为规范是指企业在为顾客提供服务过程中形成的行为规范，是企业服务工作质量的重要保证

图6-8　行为层文化的内容

3.制度层文化

企业制度层文化是企业为实现自身目标而对员工的行为给予一定限制的文化，它具有共性和强有力的行为规范的要求，规范着企业的每一个人，是行为层文化得以贯彻的保证，具体包括企业工艺操作流程、厂纪厂规、经济责任制、考核奖惩等。制度层文化主要包括企业领导体制、企业组织结构和企业管理制度三个方面，如图6-9所示。

1 企业领导体制

企业领导体制是企业领导方式、领导结构、领导制度的总称

2 企业组织结构

企业组织结构是企业为有效实现企业目标而建立的企业内部各组成部分及其关系。企业组织结构的选择与企业文化的导向相匹配

3 企业管理制度

企业管理制度是企业为追求最大利益，在生产管理实践活动中制定的带有强制性义务并能保障一定权利的各项规定或条例，具体包括企业的人事制度、生产管理制度、民主管理制度等一切规章制度

图6-9　制度层文化的内容

4.精神层文化

精神层文化是指企业在生产经营过程中受一定社会文化背景、意识形态影响而形成并长期存在的一种精神成果和文化观念，包括企业精神、企业经营哲学、企业道德、企业价值观念、企业风貌等内容，是企业意识形态的总和，如图6-10所示。

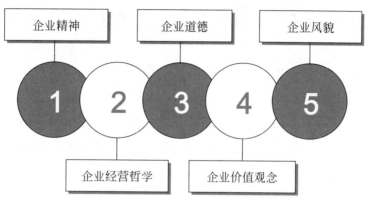

图6-10　精神层文化的内容

问题105：如何开展企业文化培训活动?

1.企业文化培训计划的时间统筹

企业文化培训从属于企业的培训体系，是为配合企业的生产经营发展需要而设计的。企业文化培训应遵从企业经营发展战略目标的要求，企业应合理安排培训时间。

例如，生产经营型企业的经营一般有淡旺季之分，企业文化培训不应在生产经营旺季安排得过于频繁，而在淡季，则可相应提高培训课程开展的频率。

另外，一般企业在年初和年底都会进行整体目标规划和总结表彰，各部门的工作强度也比较大，因此在安排培训时要尽可能回避这个特殊时期。

2.企业文化培训课时的长度掌握

企业文化培训的对象都是成年人，成年人学习和接受知识的特点是自我意识强、实践经验多、学习目的性强。因此，相关部门和负责人应按照成年人的学习特点安排每次培训的时间长度，以保证企业文化培训的整体效果。

3.企业文化培训的频率

相关部门和负责人要根据培训计划、生产情况和员工意见妥善、合理地安排企业文化培训。培训频率过高不一定能产生良好的培训效果，培训负责人一定要谨记企业文化培训是一项长期而艰巨的工作任务，同时企业高层管理者也要树立企业文化建设是一个长期且动态发展的过程这种管理意识，将企业文化培训作为一种战略来抓。

4.参加企业文化培训的对象

企业文化培训不同于一般的管理培训和专业技术培训，它是一个企业共同理念的灌输过程。因此，企业文化培训的对象应是全员，包括企业的各个管理阶层，这样才能取得统一员工意识的效果。

一般而言，关于企业文化核心理念的培训，建议企业组织安排一次全体员工参加的培训大会。如果企业人数众多而无法全员参加，也要安排不同部门的有关代表参加，然后由参加培训的代表对其部门的员工进行再培训，传达企业文化培训理念。全体员工或不同部门的人参加企业文化培训，有助于增强相互的了解并促进企业的团队建设。

5.明确企业文化培训的内容

企业文化培训主要包括表6-29所示的10项内容。

表6-29　企业文化培训的内容

序号	内容	具体说明
1	企业文化和企业经营理念	（1）每家企业的经营理念都是不同的，相关部门和负责人应将正确的经营理念传授给员工，让员工与企业同频共振 （2）企业文化是一家企业在长期的发展过程中形成的价值观和影响力的总和。价值观是企业文化的核心，应让员工认可企业的价值观，融入所在团队之中
2	企业的战略和企业的发展前景	企业现时的战略定位和企业战略的发展阶段、发展目标、发展前景也是员工十分关心的问题，因为只有企业的发展才能给个体带来发展空间，也才能激发员工内在的工作热情和创造激情，才能激发员工为企业奉献自己的智慧和才干
3	企业的视觉识别系统及由来	每家企业的视觉识别系统都是企业的骄傲，每位员工均要能识别并了解它的特殊含义
4	企业的发展历史和阶段性的模范人物	每家企业的发展历史都会和几个标志人物紧密连在一起，他们都是企业的模范人物。伴随着企业的发展，将模范人物、转折阶段、传奇故事、美丽传说等，讲给员工听，使他们更热爱自己的企业，更有归属感
5	对企业具有重要意义的标志物或纪念品	美国有一家企业，它的大厅里有一个标志性的纪念品，是用大玻璃罩着的一根金色的香蕉。起因是一位员工向董事长提出了非常出色的工艺改进建议，董事长听后想奖励这位员工，于是拿起桌上一根香蕉给了这位员工。从此以后，这家公司的员工们都踊跃地提出自己的合理化建议。这根金色的、美丽的香蕉成了这家公司的标志物。要使员工对企业有归属感，这是一种很好的方法

续表

序号	内容	具体说明
6	企业的产品和服务	企业的产品和服务包括产品的名称、性能、原材料、原材料的来源、产品的生产流程、产品的售后服务等
7	企业的品牌地位和市场占有率	企业应努力创造属于自己的品牌，创立品牌是企业长期奋斗的过程。企业品牌的认可度，品牌的定位，本企业有哪些竞争对手，其市场占有率分别是多少，这些都是员工培训中不可缺少的内容
8	企业的组织结构及主要领导	企业应制作组织结构图及主要领导的名录和联系方式，并设置员工接待日，让员工可以通过一定的渠道获得与总经理对话的机会
9	公司的地理位置和工作环境	（1）对于公司的平面图以及公司在全市的地理位置，如公司已有结构模型和宣传图片，应由专人负责引导员工参观，并向他们进行解说，使他们对公司的地理位置有一个大概的了解 （2）员工的工作环境包括办公室设施、工作流水线及其他辅助设施，如计算机、复印机、传真机、总经理办公室、主管办公室等
10	科学规范的岗位说明书	（1）每一位员工必须获得并熟悉自己所在岗位的科学规范的岗位说明书 （2）针对新员工，企业应首先进行企业文化培训，这有利于新员工尽快熟悉企业文化，提升对企业文化的认知，并尽快融入企业，为企业的进一步发展奠定基础

特别提示

上述10个方面内容的培训，实际上都是有关企业文化的内容。从这些方面切入，对员工展开培训，无疑可以让员工尽快成熟起来。

问题106：可开展哪些员工活动？

1. 日常员工活动

行政部可以根据企业的实际情况安排员工活动。以下为××公司行政部作出的年度员工活动安排表（表6-30），供读者参考。

表6-30　××公司行政部作出的年度员工活动安排表

时间	活动项目	组织部门	频次
每季度末	员工生日会	工会	季度
春节前	年终晚会	行政部	年度
妇女节前后	三八妇女节活动	工会	年度

续表

时间	活动项目	组织部门	频次
五月	端午节送粽子活动	工会	年度
六月	周年庆	行政部	年度
中秋节前	送月饼	工会	年度
九月	秋之恋	工会	两年
十月	羽毛球比赛	工会	年度
十一月	管理层年会	行政部	年度

2.员工庆生活动

（1）流程。

生日对每个员工来说都有特殊意义，因此，行政部应精心安排员工庆生活动。员工庆生活动流程如下所述。

① 行政部根据员工人事档案统计本月过生日员工的名单即员工生日名单（表6-31）并制作员工生日卡。

② 行政部将活动方案报总经理审批。方案内容包括过生日员工名单、负责人、活动内容、活动程序、地点、采购清单、资金预算等。

③ 总经理在接到活动方案后，应及时完成审批并回复行政部。

④ 行政部要及时公布本月过生日员工名单并通知相关部门负责人。

⑤ 员工若发现企业记录的生日日期有误，可持本人身份证到行政部反映。行政部相关人员确认属实后，应修正员工生日。

⑥ 行政部应于活动开始前布置好会场，做好准备工作。

⑦ 员工在指定的时间、地点集合，开展活动。

表6-31 员工生日名单

编号：　　　　　　　　　　　　　　　　　　　　　　　日期：＿＿＿年＿＿＿月＿＿＿日

姓名	工号	部门	出生日期	备注

制表人：　　　　　　　　　　　　　　　　审核人：

（2）给员工送生日礼物。

行政部应给员工送生日礼物，并填写员工生日礼物领用登记表（表6-32），避免出现多领或少领的情况。

表6-32　员工生日礼物领用登记表

编号：　　　　　　　　　　　　　　　　　　　　　　日期：＿＿年＿＿月＿＿日

日期	部门	员工姓名	出生日期	礼物名称	金额	经办人	领用人	备注

制表人：　　　　　　　　　　　　　　审核人：

（3）生日活动费用预算。

行政部应做好生日活动费用的预算工作。预算额度既不能太低而不够使用，也不能太高而超出企业相关标准，增加企业成本。

员工生日活动预算表见表6-33，供读者参考。

表6-33　员工生日活动预算表

编号：　　　　　　　　　　　　　　　　　　　　　　日期：＿＿年＿＿月＿＿日

序号	列支项目	数量	单位	单价	金额	备注
1	横幅					
2	生日蛋糕					
3	活动费					
4	生日贺卡					
5	活动小礼品，每期设40份					
合计						

制表人：　　　　　　　　　　　　　　审核人：

3.员工活动室

活动室是员工在工作之外的主要活动场所，行政部必须管理好活动室，制定相关规定并督促员工遵守，以免活动室遭到破坏。

（1）活动室一般只对公司在职员工开放，外来人员不得入内，公司员工出入活动室时应出示工作牌，经管理人员确认后方可进入。

（2）行政部应委派专人负责活动室的各项管理工作。

（3）集体或个人在使用活动室时必须保证活动室内的一切物品完好无缺。如有物品丢失或损坏，视具体情况由相应责任人按购买价进行赔偿。

（4）活动室的使用者须遵守活动室规定，维护室内卫生。

（5）部门若需要借用活动室举办活动，应提前一周向行政经理提出申请并填写活动室使用申请表（表6-34），经批准并与活动日的负责人协调后方可使用。

表6-34　活动室使用申请表

编号：　　　　　　　　　　　　　　　　　　日期：＿＿＿年＿＿＿月＿＿＿日

申请时间		申请部门	
申请人		申请人联系电话	
借用时间：＿＿＿年＿＿＿月＿＿＿日＿＿＿时＿＿＿分至＿＿＿时＿＿＿分			
活动主题			
活动内容	（附活动计划书）		
部门意见	签名：		
行政经理意见	签名：		
备注			

制表人：　　　　　　　　　　　　　　审核人：

4.员工俱乐部

为了丰富员工的业余生活，加强员工彼此之间的沟通，行政部可以组织成立员工俱乐部。俱乐部的活动主要以健身为主，如登山、羽毛球、乒乓球、游泳、足球、篮球、瑜伽等。

行政部可开展俱乐部活动意向调查工作，然后根据调查结果组建员工俱乐部。以下提供一份员工俱乐部意向调查表，供读者参考。

【范本】▸▸▸ ---

××员工俱乐部活动意向调查表

1.您的性别：□男 □女

2.您的年龄段：□25岁以下 □25岁～30岁 □31岁～40岁 □40岁以上

3.您的兴趣爱好（请尽量描述得详细一些，如果您喜欢看电影，则可列出喜欢的电影类型）：

4.您对员工活动的态度：

　　□很喜欢，非常愿意参加 □视内容和时间安排而定

　　□参加与否都无所谓 □没兴趣

5.您的婚姻情况：

　　□单身 □未婚但有男（女）朋友 □已婚

6.您比较感兴趣的活动（体育类）：

　　□篮球 □足球 □乒乓球 □游泳 □羽毛球

　　□其他（请注明_____）

7.您比较感兴趣的活动（文艺类）：

　　□唱歌 □跳舞 □摄影 □画画 □阅读 □收藏 □展览 □看电影

　　□其他（请注明_____）

8.您比较感兴趣的活动（户外类）：

　　□景区旅游 □郊区踏青 □户外登山 □水上运动 □野餐烧烤

　　□其他（请注明_____）

9.您比较感兴趣的活动（学习类）：

　　□培训讲座 □拓展训练 □读书会

　　□其他（请注明_____）

10.您比较感兴趣的活动（综合类）：

　　□主题派对 □聚餐 □星座 □桌面游戏 □联谊交友

　　□其他（请注明_____）

11.您愿意参与员工俱乐部活动的时间段：

　　□周一至周五的午休时间 □周一至周五下班后的业余时间

　　□周六、周日或节假日 □视活动的主题类型而定

12.您认为员工活动的频率应该是：

　　□每周一次 □每半个月一次 □每个月一次 □每季度一次 □不定期举行

13. 您认为员工活动的费用应该由谁承担？

　　□应由公司全部承担　　□如合理，愿意自己承担部分费用

14. 请至少列出一次令您印象深刻的集体活动：

_____

_____

15. 您对员工俱乐部活动的意见及建议：

_____

_____

问题107：如何做好企业宣传管理？

1. 各部门宣传工作的职责

行政部主要负责企业大型会议、重要活动的宣传报道工作。同时，企业其他部门应重视宣传工作，设置兼职的宣传工作人员，负责部门内部稿件的收集、整理和报送工作。各部门宣传工作的具体职责如下所述。

（1）建立宣传网络，做好新闻素材的收集、筛选、加工、传递和反馈等日常工作。

（2）针对本部门在发展创新中发现的新问题、新思路、新做法，开展调查和研究。

（3）总结重点工作，及时做出主题鲜明的报道。

2. 宣传的渠道及内容

企业宣传工作包括内部宣传工作和外部宣传工作。内部宣传工作包括创办企业宣传栏及开展相关会议等，目的是反映企业的内部动态、经营业绩、员工动态等方面的信息。外部宣传工作是指对外宣传企业文化、经营业绩、人才理念、企业战略等方面的信息。

宣传工作的主要内容如下所述。

（1）充分利用企业网站和宣传栏及时宣传企业重要会议、活动及企业领导的讲话等。

（2）充分利用企业网站和宣传栏及时宣传企业最新动态及相关政策，展现企业积极向上的精神面貌。

（3）宣传企业的发展战略、发展规划、发展目标、重大措施等重要信息。

（4）宣传人员应把握正确的舆论导向，为企业生产经营创造良好的舆论环境。

（5）注重宣传工作的真实性：宣传内容所反映的事件与数据应与事实相符，禁止发布虚假消息。

（6）注重宣传工作的时效性：宣传的内容应是近期发生的事件。

（7）注重宣传工作的激励性：广泛宣传先进员工的事迹，激励员工努力工作。

3.宣传工作实施要领

行政经理应积极掌握宣传工作的实施要领，具体内容如下所述。

（1）内部宣传工作应以企业宣传栏的展示为主，主要登载时事简讯、行业动态、企业动态以及员工原创散文、诗歌、随笔等内容。

（2）外部宣传工作一般通过企业网站实现。网络专员要及时将企业的动态上传至企业网站，在重大节日、纪念日和发生重大事件时，及时对企业进行宣传，为企业树立良好的形象。

（3）企业宣传栏中的内容要通过审核后再发表。涉及企业重大问题的报道应该经过总经理审核后再发表。

（4）编辑部在收到员工投稿后，要做好稿件的审核、校对和排版工作，保证稿件的质量。

（5）行政部要及时收集和整理宣传信息并将信息报送给各类媒体。

（6）行政部在审核宣传稿件时要严格把关，不得在未经允许的情况下将涉及企业经营和市场开发方面的敏感信息登载在企业网站或宣传栏上。

4.宣传栏的设置

行政经理应设置宣传栏，以及时传达企业各类信息，加强企业宣传工作，促进企业文化的建设。宣传栏的内容如表6-35所示。

表6-35　宣传栏的内容

序号	模块名	内容说明
1	公司时事	用于发布公司内部的最新动态，即公司的新成绩或者新问题。公司时事的篇幅应简短，处于整个宣传栏底板的中间
2	培训天地	用于介绍公司最近的培训课程，以帮助员工提高自身的业务能力和专业水平。培训天地一般处于整个宣传栏底板的左上方
3	红花榜	用于宣传公司的好人好事，引导员工树立正确的价值观。红花榜处于整个宣传栏底板的右上方
4	要闻聚焦	用于刊登国内外近期的重要事件，只刊登标题，不做详细报道。设置此模块的目的是使员工及时了解国际、国家或行业大事。要闻聚焦应处于整个宣传栏底板的左上方
5	四季歌	用于展示公司活动简报或者员工投稿，题材与内容不限。设置此模块的目的是活跃公司气氛，丰富员工业余生活。四季歌应处于整个宣传栏底板下方的中间位置
6	万花筒	用于展示生活中的点滴智慧，如名人名言、精短笑话、小窍门、脑筋急转弯等内容。万花筒应处于整个宣传栏底板的右下方

5.宣传栏的使用与管理

行政部负责宣传栏的管理工作，定期更新内容。

行政经理可以结合公司宣传的需要设计宣传栏的内容。宣传栏中的文字要规范，内容要积极向上，严禁张贴违反宪法、法律法规、公司各项规章制度，危害国家安全、破坏社会稳定及不健康的内容。

> **特别提示**
>
> 宣传栏的内容应经负责人审核，行政经理不得在宣传栏中张贴未通过审核的资料。

6.企业文化墙的建设

企业文化墙的建设是为了彰显企业独特的文化，向外界展示企业的独特魅力。作为企业形象识别系统中的重要一环，文化墙建设能够直观地表现企业的经营理念和精神文化，塑造企业在员工和客户心目中的独特形象，同时，可以给员工直观刺激，激励并鼓舞员工不断发展和进步。

（1）文化墙的定义。

文化墙是以宣传企业、宣传企业文化、推动企业品牌建设以及帮助企业提升品牌形象为己任，把墙景美化作为支持企业精神文明创建工作的一个行之有效的载体。

（2）设立文化墙的目的。

设立文化墙对于企业而言，可以改善企业形象，建立企业文化体系，提高整个企业的凝聚力，方便企业管理，明确各部门工作目标，以及提高员工忠诚度、归属感等；对于部门和个人而言，则可以提升部门经理的执行力、凝聚力，同时促进员工提高工作效率，督促员工积极认真地完成工作。

（3）企业文化墙建设步骤。

第一步是明确企业的文化、凸显企业的文化。企业文化不应是一堆冠冕堂皇的句子的堆砌，最重要的是要具有实操性和影响力。

第二步是合理分配企业文化墙的内容。企业文化墙的主要内容应该是企业的经营理念、服务理念等。

因此，相关负责人在设立文化墙之前，必须制定文化墙建设方案。

下面提供一份某企业的文化墙建设方案的范本，仅供参考。

【范本】▶▶

企业文化墙建设方案

一、建设目的

为了优化公司内部环境，体现公司独特的核心价值，集中展示公司发展战略、行为规范、荣誉业绩及员工风采等内容，公司将针对多处大面积空白墙面做出系统规划。

二、板块设计

墙面一：电梯间LOGO（标志）下方。

1.形式：墙面装饰字及墙面装饰板。

2.文字内容：公司名称、愿景、目标及荣誉资质展示。

墙面二：休息室。

1.形式：装饰性墙面宣传板。

2.功能设置：

（1）公告通知，张贴公司各部门通知及公司各种最新规定；

（2）团队风采，展示团队及员工荣誉、员工集体活动照片等；

（3）交流天地，员工对公司及领导有任何意见、建议，可以公开信的形式在此板块提出和展示；

（4）员工互动，对于同事生日、结婚等，各员工可自由写上祝福的话语。

3.以上内容根据公司需要不定期更新。

墙面三：走廊一侧。

1.形式：墙面装饰展板。

2.文字内容：

（1）企业简介；

（2）企业特色；

（3）企业定位、近期规划和愿景目标；

（4）企业经营理念、核心竞争力；

（5）企业人才观念、文化理念。

3.以上文字内容将随着公司业务方向及工作重心的变化而不断更新。

墙面四：大会议室。

1.形式：墙面装饰字、墙面装饰画。

2.内容：

（1）企业LOGO（标志）；

（2）企业愿景、目标。

墙面五：各部门空白墙面。

1.形式：墙面装饰展板。

2.内容：

（1）总裁寄语；

（2）部门所需名言警句；

（3）部门规章制度；

（4）部门业绩展示；

（5）部门目标规划。

墙面六：洗手间门后。

1.形式：可更换内容的装饰画。

2.内容：

（1）职场漫画；

（2）企业管理小故事；

（3）名言警句。

3.不定期进行更换。

问题108：如何运用企业网站展示企业文化？

1.网站内容规划

企业网站是基于信息技术建立的对外宣传平台，是企业对外的名片。一般来说，企业网站建设工作由行政部负责。

网站是企业的宣传工具，在某种程度上还可以作为产品销售的辅助手段。企业网站的主要内容及说明如图6-11所示。

2.网站设计要求

网站设计的具体要求如图6-12所示。

3.网站管理人员设置

行政部负责确定网站管理人员并明确其职责。网站管理人员的职责如下所述。

（1）负责企业网站的设置、代码维护、用户账号管理和权限管理工作。

（2）负责信息发布工作，并定期更新网站的信息。

（3）与各部门沟通网站相关栏目的设置问题，帮助各部门解决网站使用问题。

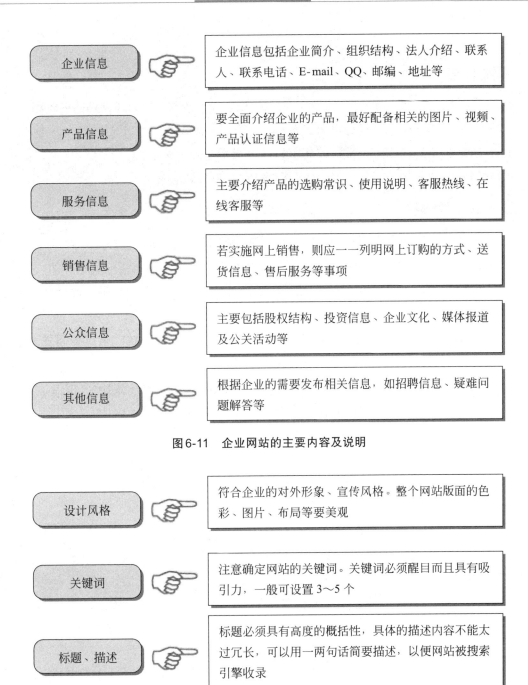

图6-11　企业网站的主要内容及说明

图6-12　网站设计的具体要求

（4）负责监控与管理企业论坛、聊天室等交互性栏目的信息内容。

（5）按时做好网站数据的备份工作。

（6）逐步完善企业网站的架构，定期对企业网站的框架、主页进行必要的修改或更新。

（7）建立企业资源库，不断完善资源库并做好备份工作。

（8）网站的框架、主页被修改或更新后，网站管理人员应对各部门做好相应的培训工作。

4.网站内容更新

（1）在听取各方面的意见和建议后，网站管理人员应及时更新公司网站的内容和版式。

（2）各相关部门和单位应提供有关资料。

（3）网站更新的内容应先报行政部审核，再呈报总经理审批。

（4）网站管理人员应将更新的内容及时发布到公司网站上。

5.网站定期维护

（1）网站管理人员应定期对公司网站进行软硬件维护。

（2）网站管理人员应及时解决软硬件方面的问题。

（3）网站管理人员应积极解决公司网站运行过程中的各种问题，相关职能部门和下属单位应予以配合。

（4）网站管理人员若不能自行解决网站运行过程中出现的问题，则应将问题反馈至行政部处，然后邀请外部相关单位参与解决。

（5）网站管理人员应及时向行政部反馈问题的解决情况并编写问题解决报告。

（6）网站管理人员应将问题解决报告交给总经理审批。

（7）网站管理人员应将问题解决报告存档，并予以妥善保管。